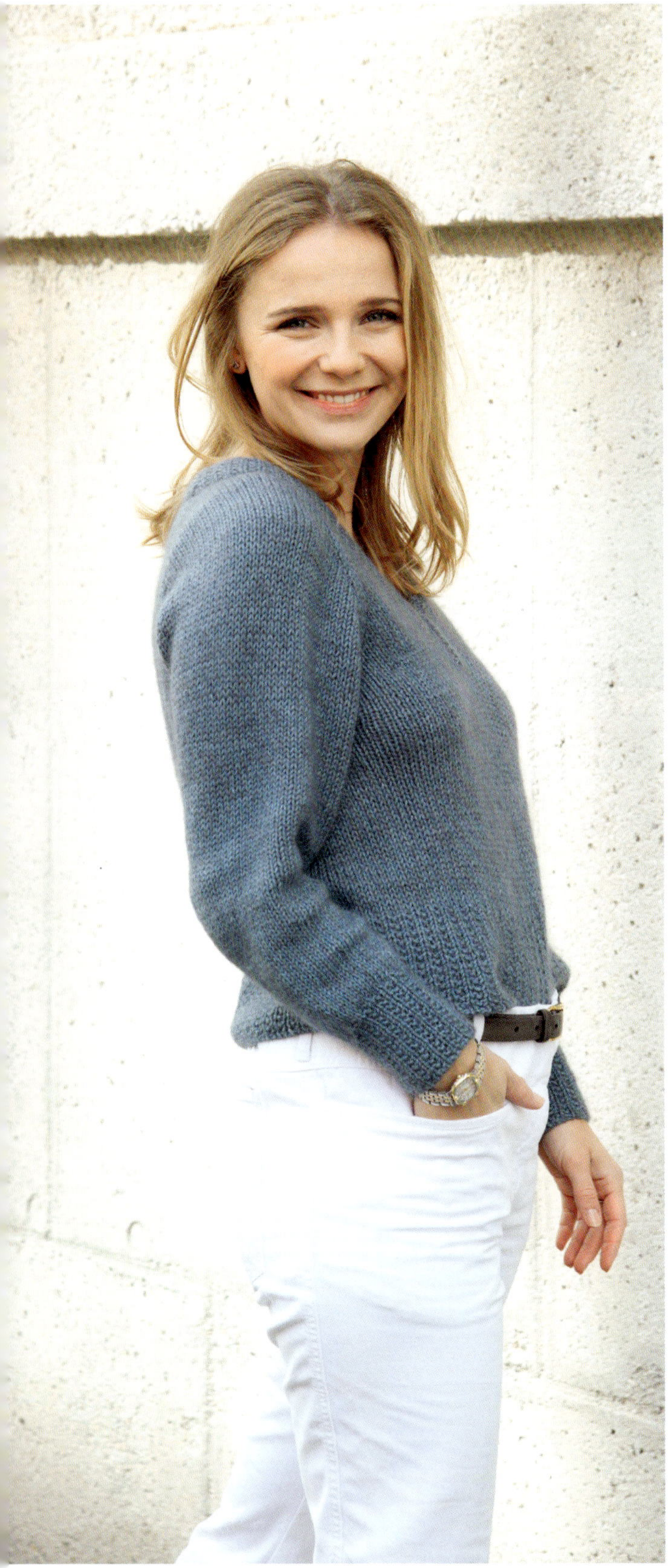

INHALT

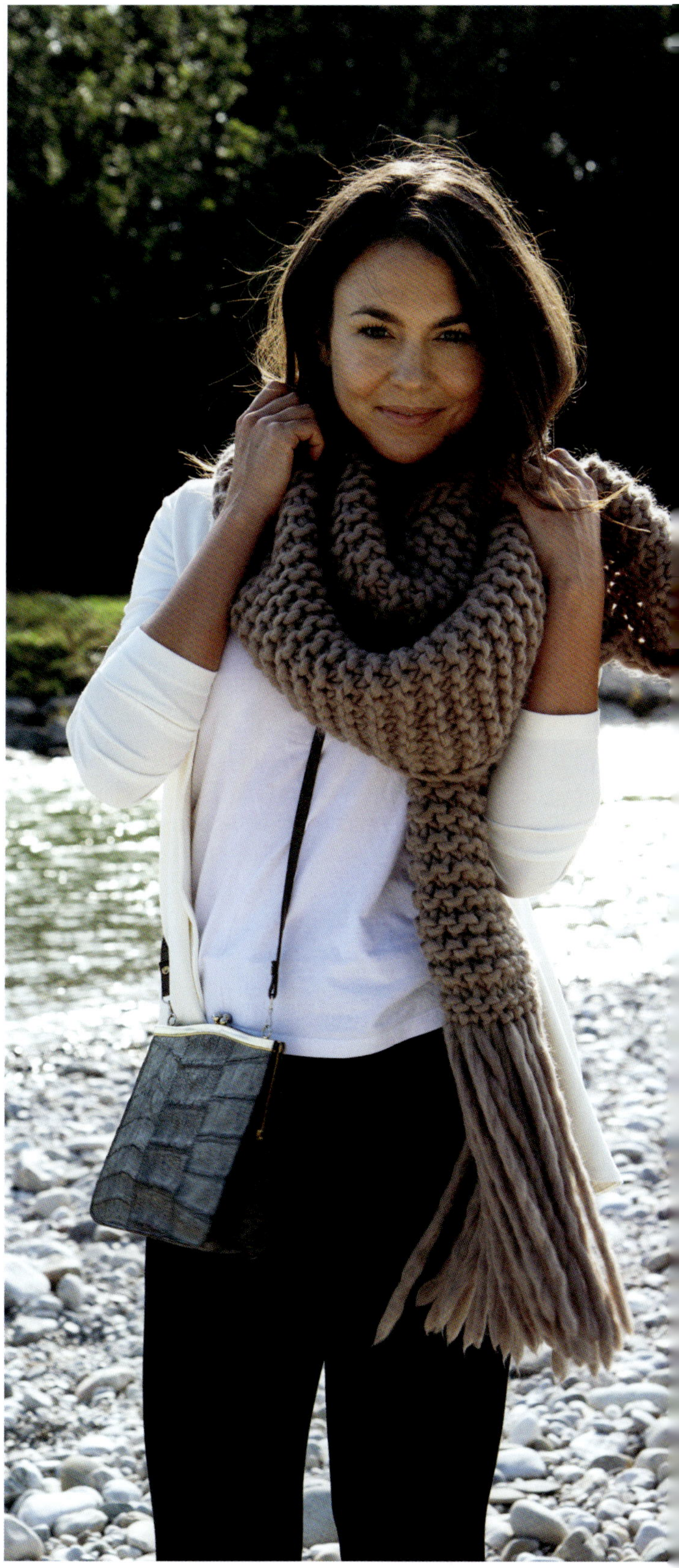

VORWORT

Minimal Knitting – minimalistische Designs, aber alles andere als langweilig.

Mit cleanen Designs und einer Auswahl hochwertiger Garne möchte ich bewirken, dass diese Strickstücke für viele Jahre zu deinen Lieblingsteilen werden. Aufgrund klarer Linien und gedeckter Farben kannst du die Stricksachen hervorragend mit deiner bestehenden Garderobe kombinieren. Dabei kann dein Gestricktes entweder zum Highlight deines Looks oder als Basic Layer z. B. unter einem Blazer gestylt werden. Viele Designs kannst du ganzjährig und zu unterschiedlichen Anlässen tragen, ob zum Einkuscheln in der Winterzeit auf der Couch oder über ein luftiges Kleidchen an frischen Sommerabenden. Aufgrund dieser Vielseitigkeit sind die Strickstücke eine tolle Ergänzung für deine Capsule Wardrobe.

Desweiteren habe ich bei der Konstruktion der Kleidungsstücke darauf geachtet, dass die Designs einfach an die eigenen Maße angepasst werden können. Da alle Pullover und Cardigans von oben nach unten gestrickt werden, kannst du das Strickstück zwischendurch anprobieren und die Ärmel und/oder den Körper kürzer/länger stricken, so wie es dir gefällt. Bedenke, dass du bei Letzterem gegebenenfalls etwas mehr Garn brauchen könntest.

Da wir „size inclusive" nicht vollständig umsetzen konnten, ich es aber sehr wichtig finde, möchte ich dir anbieten, dass du dich bei mir melden kannst und wir gemeinsam die Anleitung entsprechend deiner Maße kalkulieren.

Ich freue mich über euer Feedback und helfe gerne bei jeglichen Fragen.

Eure Carina

@knitsbycari
knitsbycari@gmail.com

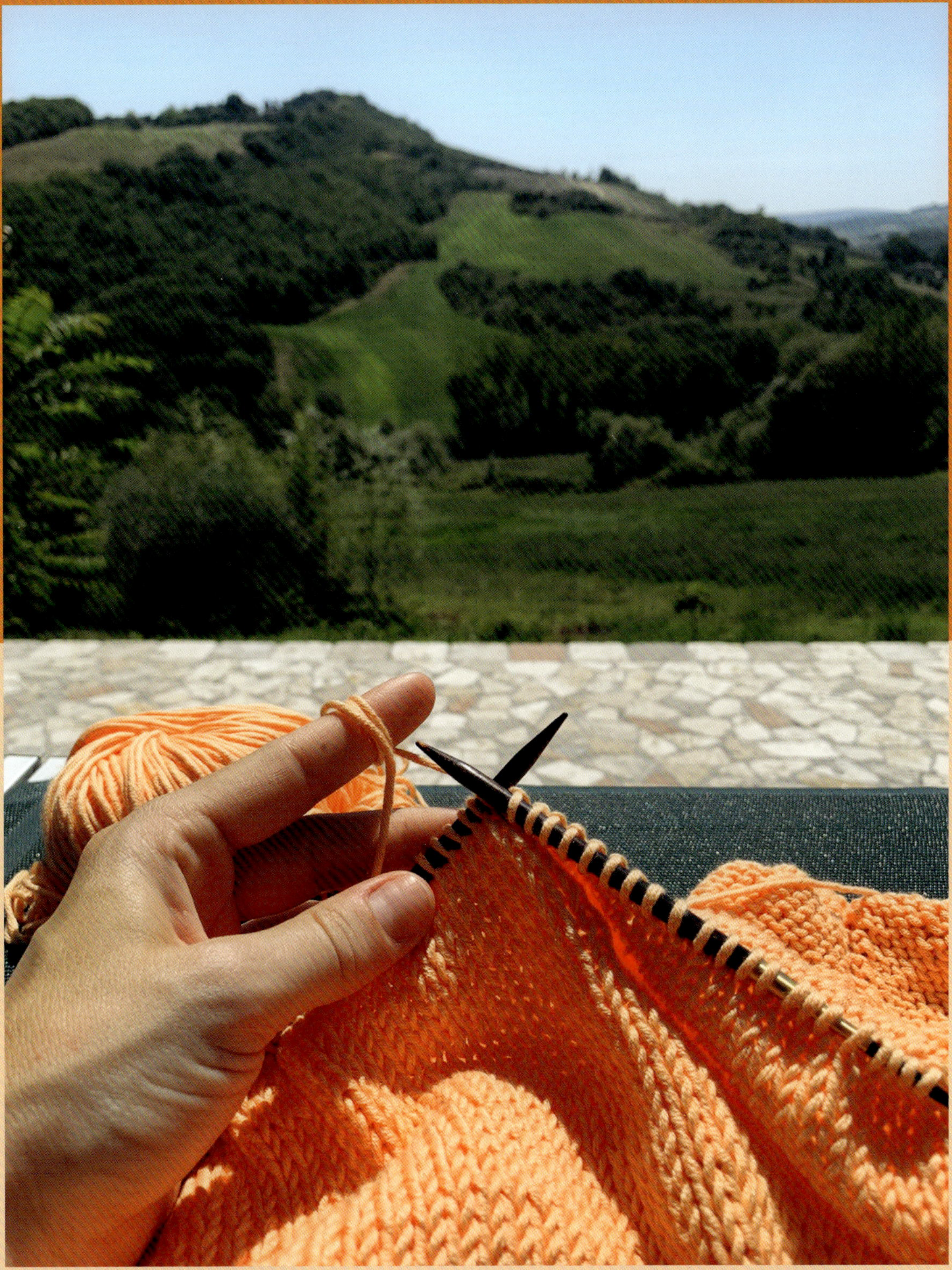

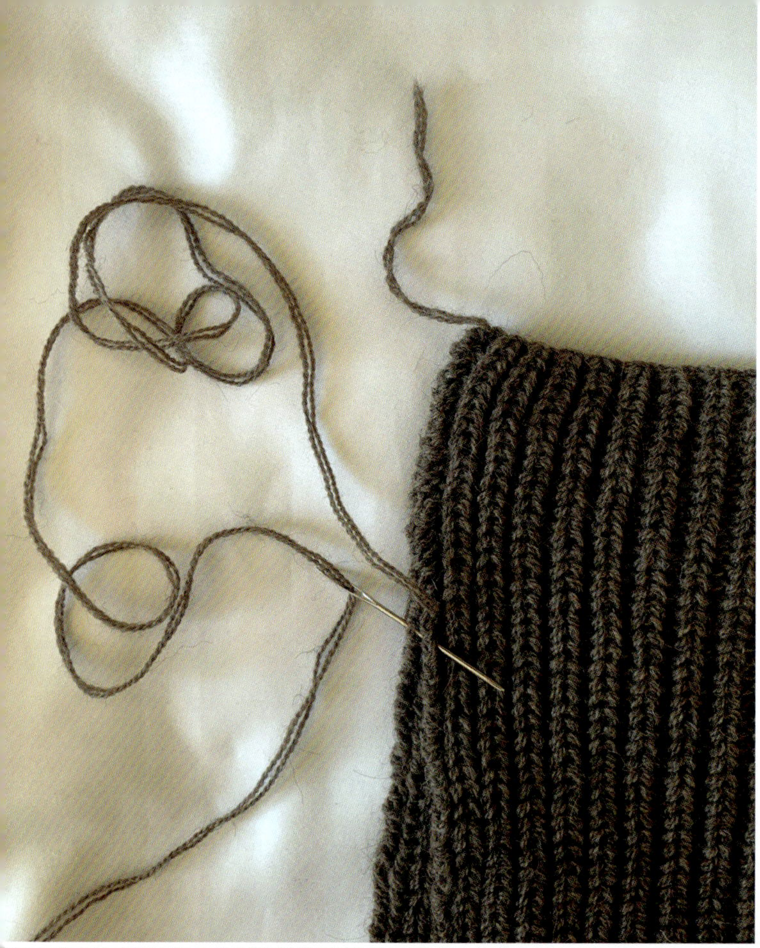

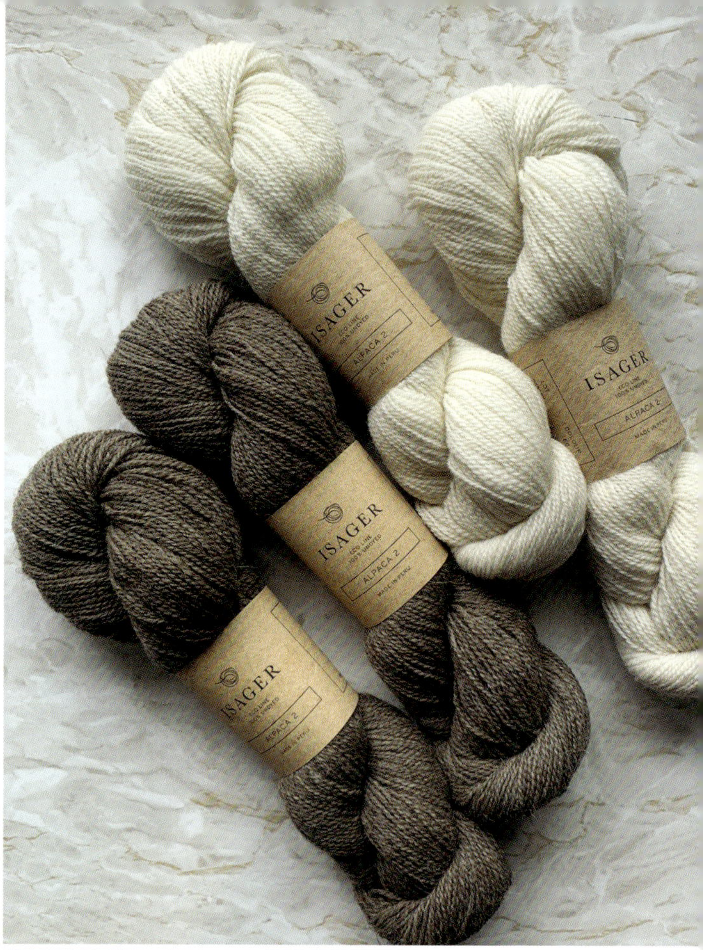
ISAGER
ALPACA 2

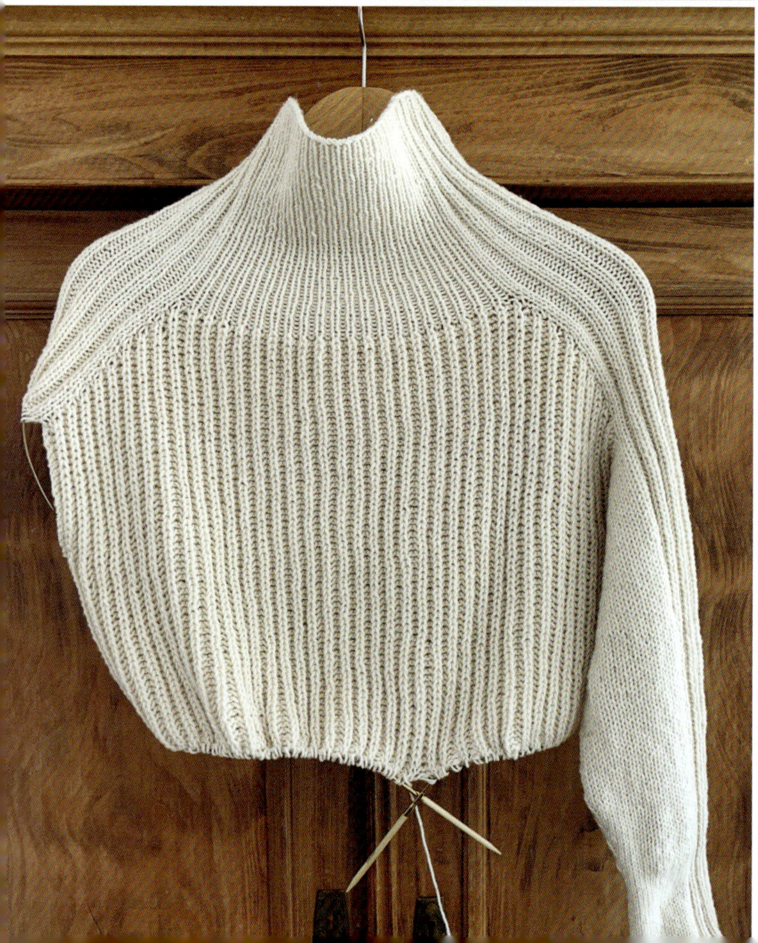

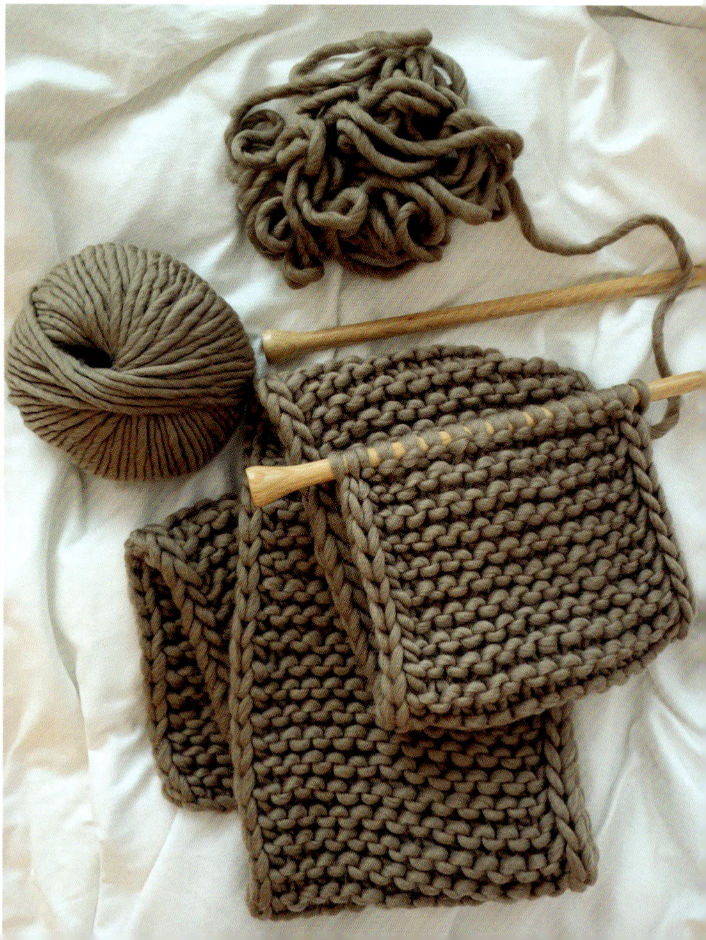

GRUND-LAGEN

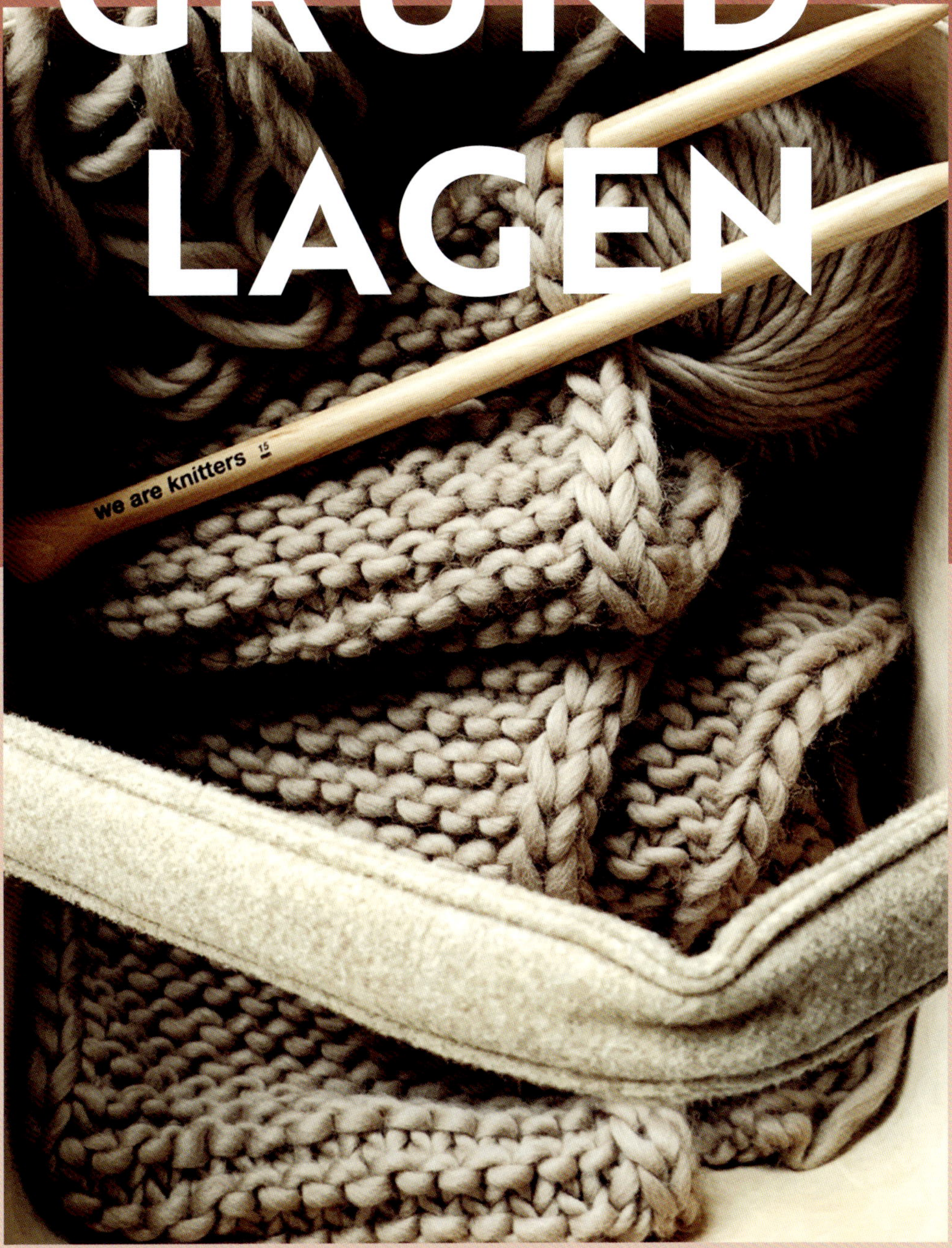

VERKAUFSEINHEITEN VON GARNEN

Hersteller bieten ihre Garne in unterschiedlichen Verkaufseinheiten und den unterschiedlichsten Formen an. Im Handel findet man verschieden gewickelte Knäuel, aber auch Garn auf Pappröhren (Konen). Handgefärbte Garne werden häufig als Strang angeboten. In diesem Fall muss das Garn vor dem Abstricken erst noch gewickelt werden.

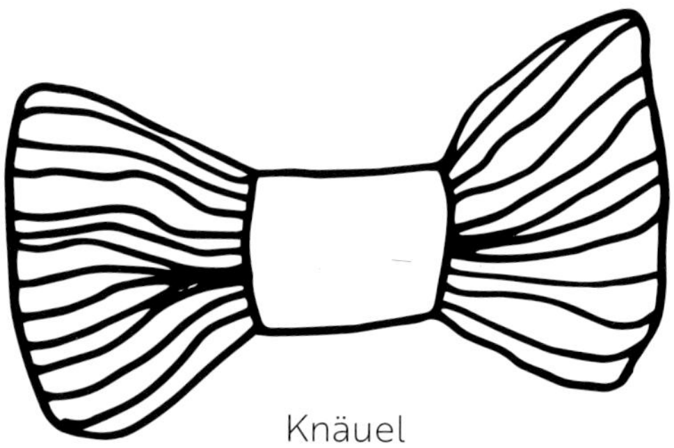

Knäuel in Strangform

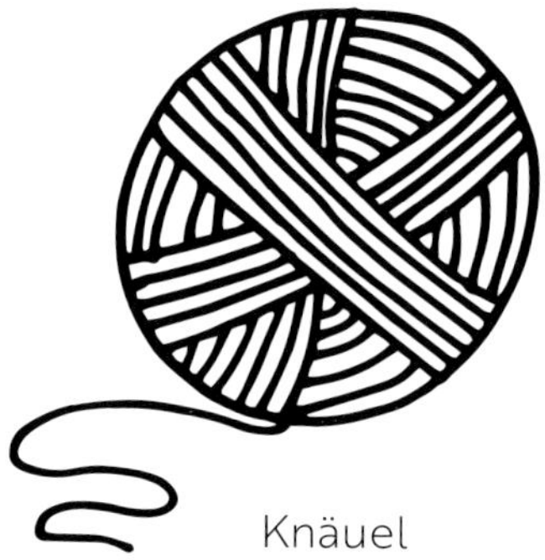

Knäuel in Kugelform

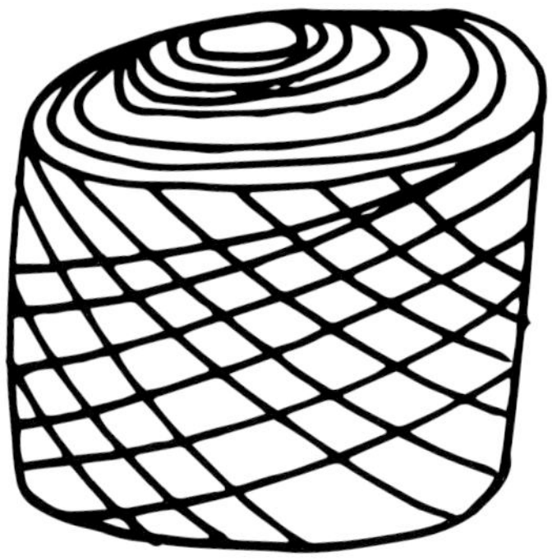

Bobbel

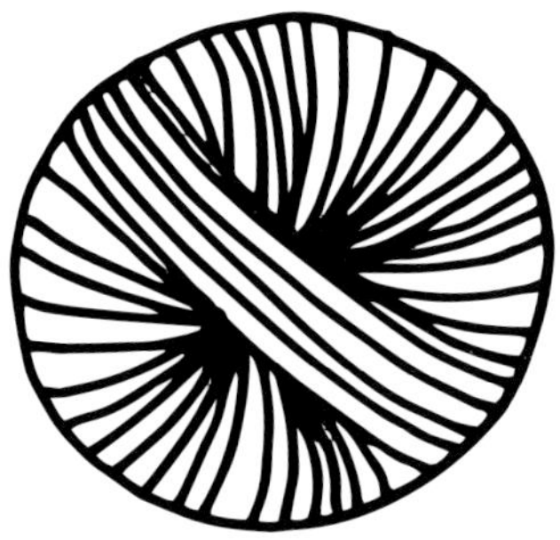

Knäuel in Donutform

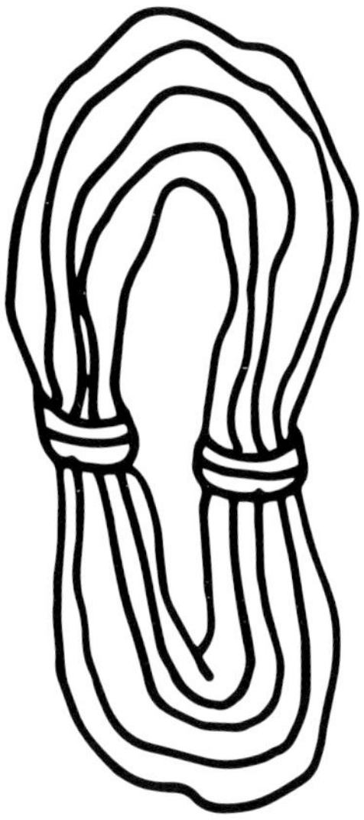

geöffneter
Strang

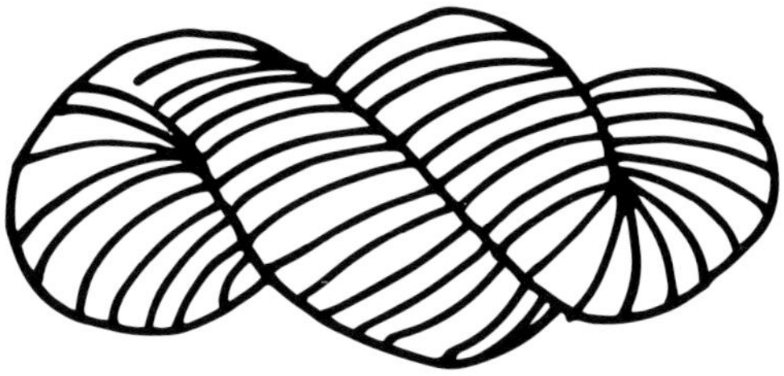

Strang

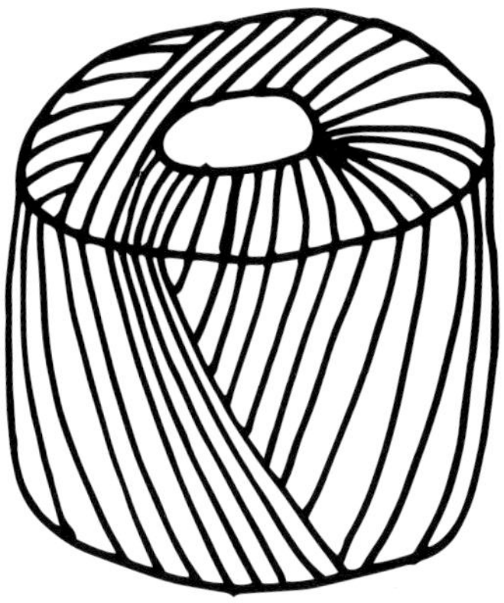

Knäuel mit Kern
(z. B. aus Pappe)

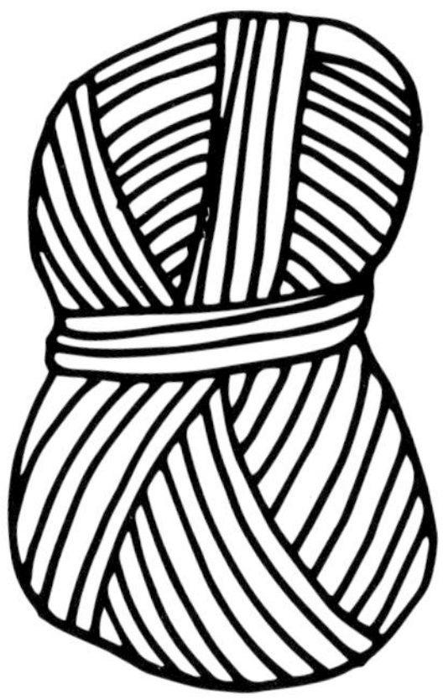

Knäuel
in Zylinderform

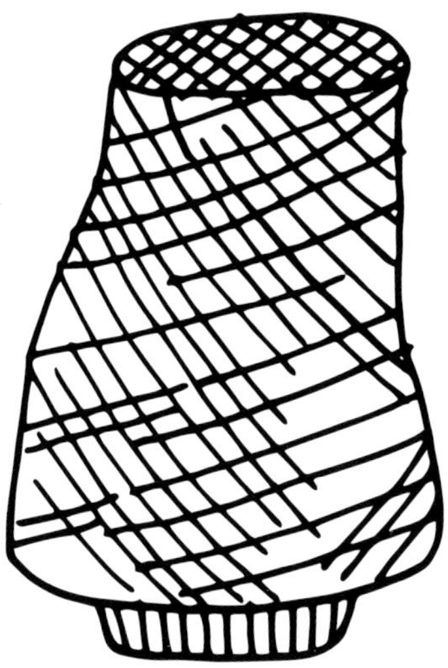

Kone

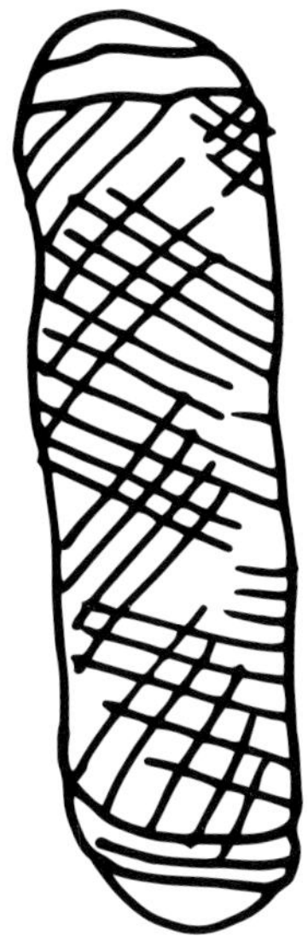

längliches
Zylinder-Knäuel

BANDEROLE LESEN

Eigenschaften eines Garns kannst du beim Kauf im Wollgeschäft bereits anhand des Knäuels untersuchen. Auf der Banderole stellt dir der Hersteller neben dem Namen des Garns zusätzliche Informationen bereit. Die für dich wichtigsten sind die Materialzusammensetzung sowie die Lauflänge, die sich auf das angegebene Gewicht des Knäuels bezieht.

Möchtest du die Lauflängen zweier Knäuel vergleichen, achte darauf, dies bezogen auf dasselbe Gewicht zu tun. Gegebenenfalls musst du dazu den Dreisatz anwenden, um die Information für eines der Garne umzurechnen.

RECHENBEISPIEL

Ein Garn hat eine Lauflänge von 212 m/40 g. Du möchtest die Lauflänge pro 50 g des Garns erfahren, um es mit einem anderen Garn zu vergleichen:

212/40 =x/50= (212 : 40) x 50 = 265

Bezogen auf 50 g hat das Garn eine Lauflänge von 265 m.

Die empfohlene Nadelstärke sowie die angegebene Maschenprobe sind als Richtwert zu begreifen, unter welcher Spannung oder Dichte das Garn verstrickt den besten Komfort aufweist. Welche Nadelstärke du allerdings benötigst, um dieses Ergebnis zu erreichen, steht auf einem anderen Blatt und muss ausprobiert werden.

Die Farbnummer gibt den Farbton der entsprechenden Garnkollektion an. Die Partienummer bezeichnet das Farbbad, aus dem dieses Knäuel stammt. Da im Färbeprozess der Garne stets nur eine bestimmte Menge Garn in ein einziges Farbbad passt, ist diese Information für die Verarbeitung des Garns später wichtig. Zwar werden die Farbbäder für dieselbe Farbe stets exakt gleich hergestellt, trotzdem können die einzelnen Bäder leicht voneinander abweichen. Sogar weiße oder beigefarbene Garne können Unterschiede aufweisen, die du allerdings erst im verstrickten Zustand siehst. Achte also auf jeden Fall darauf, für ein Projekt möglichst ein und dieselbe Farbpartie eines Garns zu verarbeiten.

EXPERTEN-TIPP: Solltest du dennoch einmal zwei Knäuel derselben Farbe, aber unterschiedlicher Partien miteinander verarbeiten müssen, stricke am Übergang vom einen zum anderen Knäuel über ein paar Zentimeter hinweg abwechselnd zwei Reihen mit dem alten und zwei Reihen mit dem neuen Knäuel. Auf diese Weise gestaltet sich der Übergang sanft, der Farbunterschied dürfte kaum noch ins Gewicht fallen.

MERINOWOLLE

Gemäß der Textilkennzeichnungsverordnung dürfen Hersteller in der Materialkennzeichnung nicht den Begriff „Merinowolle" verwenden. Dort findest du also die Begriffe „Schurwolle" oder „Wolle", auch wenn es sich um feines Merino handelt. Diese wichtige Information ist hingegen in der Produktbeschreibung oder sehr häufig als Zusatz zum Namen des Garns auf der Banderole zu finden.

HINWEIS: Die Pflegehinweise sind wichtige Informationen für die spätere Behandlung deines Strickstücks.

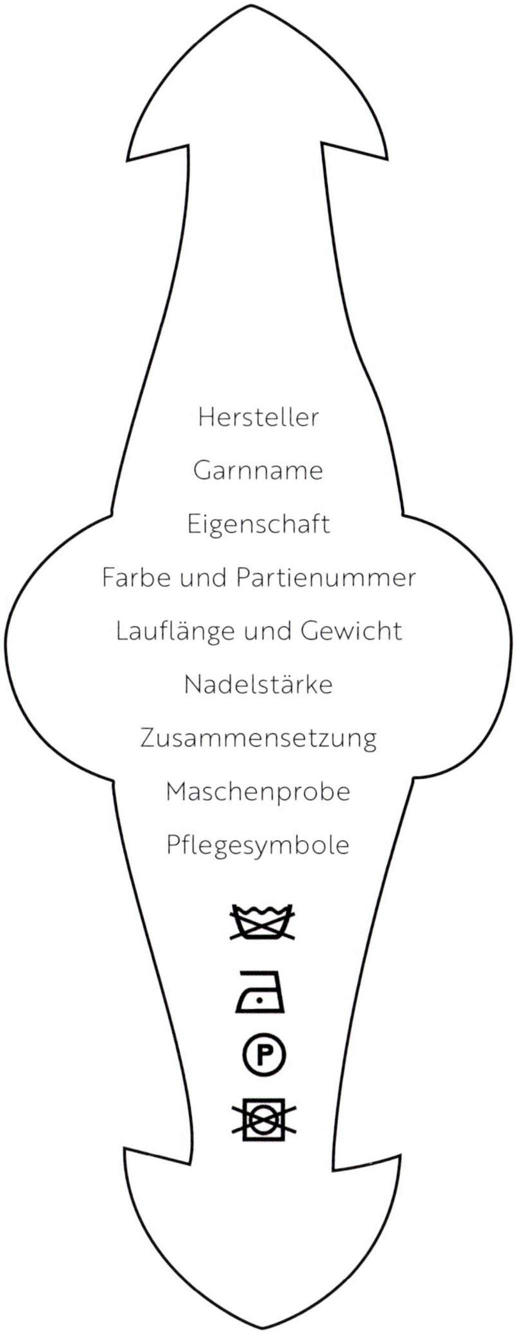

PFLEGE VON STRICKSTÜCKEN

Ebenso wie die sorgfältige Auswahl des Materials zu Beginn des Projekts ist die optimale Pflege des Strickstücks gut investierte Zeit, um möglichst lange Freude daran zu haben. Materialauswahl und Pflege hängen dabei unweigerlich zusammen.

Es gibt wohl kaum etwas Unerfreulicheres, als nach vielen Wochen Arbeit einen Pullover oder ein Tuch verfilzt, verformt oder verfärbt aus der Waschmaschine zu ziehen. Die richtige Pflege deines Strickstücks ist daher besonders wichtig. Entnimm gleich zu Beginn des Projekts die Pflegehinweise der Garn-Banderole, sofern der Hersteller diese Informationen angegeben hat, und notiere sie in deinem Projektnotizbüchlein. Sollten auf der Banderole keine Informationen zu finden sein, informiere dich auf der Homepage des Herstellers bzw. gehe grundsätzlich beim Waschen des Strickstücks sehr vorsichtig zu Werke.

In jedem Fall solltest du vor jedem Projekt eine Maschenprobe stricken und diese genauso waschen, wie du es später mit deinem fertigen Stück tun möchtest. Nur so stellst du verlässlich fest, ob die Farben stabil sind und das Garn auch ausreichende Robustheit aufweist. Gehe dabei mit deiner Maschenprobe nicht zimperlich um und stricke gegebenenfalls mehrere, um unterschiedliche Temperaturen oder Waschgänge auszuprobieren.

HINWEIS: Wollsachen sollten immer liegend und niemals in direkter Sonne oder auf der Heizung getrocknet werden. Die Hitze könnte das Material beschädigen.

Handwäsche

Möchtest du eines deiner gestrickten Projekte von Hand waschen, löse zunächst Ihr Wollwaschmittel vollständig in einem mit lauwarmem Wasser gefüllten Handwaschbecken auf. Lege das Strickstück hinein und lasse es sich langsam mit Wasser vollsaugen. Lass später das Wasser ablaufen und spüle das Waschmittel mit zwei bis drei Gängen kaltem Wasser sorgfältig aus. Drücke dann das Wasser sanft aus dem Strickstück heraus, ohne dieses jedoch zu wringen. Lege das Teil auf ein großes und möglichst dickes Handtuch, rolle es ein und drücke die Feuchtigkeit sanft heraus. Anschließend lass das Strickstück liegend trocknen.

PFLEGESYMBOLE

Bügeln, dämpfen und spannen

Nach dem Waschen deiner Strickstücke solltest du sie stets noch einmal so behandeln, wie du es bei der Fertigstellung des Projekts getan hast. Insbesondere Tücher mit Lochmustern solltest du auch dann wieder spannen. Auf Seite 18 erfährst du mehr über das Bügeln, Dämpfen und Spannen von Strickstücken.

Motten

Außer dem in der Waschmaschine verfilzten Strickprojekt gibt es für uns Stricker:innen den Mottenfraß als gefürchtetes Schreckensszenario. Die regelmäßige Reinigung des Kleiderschranks und die Verwendung von Duftsäckchen, gefüllt mit Lavendel, Nelken oder Zedernholz, sind präventive Maßnahmen, die die weiblichen Motten von unseren Strickstücken fernhalten. Solltest du dennoch einmal von einem Mottenbefall deiner Wollsachen betroffen sein, findest du im Internet sogenannte Schlupfwespen, die eine natürliche und äußerst effektive Art der Bekämpfung von Motten erlauben.

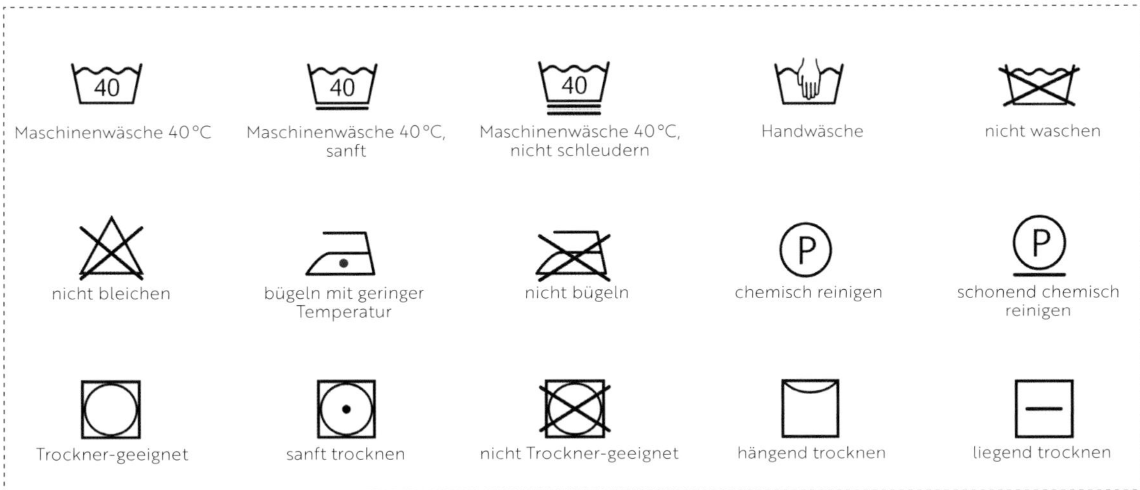

WERKZEUG UND MEHR

Stricknadeln

Stricknadeln gibt es in unterschiedlichsten Formen und Stärken sowie in einer Vielzahl verschiedener Materialien, Farben und Spitzen. Mit der Zeit wirst du bestimmte Vorlieben entwickeln und auch merken, dass keineswegs jede Nadel zu jedem Garn passt. Bei der Auswahl von Nadelmaterial und -stärke spielt es auch immer eine Rolle, welches Garn du verwendest. Die Nadelart hingegen wird auch vom Strickprojekt selbst bestimmt.

Stricknadelarten

Rundstricknadeln bestehen aus zwei mit einem Seil verbundenen Spitzen. Unabhängig von dem Begriff „Rundstricknadeln" lassen sich die Maschen damit sowohl in Runden als auch in Reihen abstricken. Solltest du dich nicht speziell auf das Sockenstricken beschränken wollen, sind Rundstricknadeln wohl das für dich wichtigste Werkzeug.

Rundstricknadeln variieren in der Länge des Seils, die bei rundgestrickten Stücken bis zu einem gewissen Maß über den Radius bestimmt. Für das Stricken von Mützen kann eine Länge von 30 cm praktisch sein, in diesem Fall sollten die Spitzen allerdings extra kurz sein, um die Strickbewegung nicht allzu sehr einzuschränken. Für größere Projekte als Mützen sollten deine Rundstricknadeln für den Strickkomfort, von Spitze zu Spitze gemessen, mindestens eine Länge von 40 cm haben. Dass du jedoch auch sehr kleine Runden mit langen Rundnadeln stricken kannst, erfährst du auf Seite 27.

TIPP: Für das Stricken von Socken eignen sich extrakurze Rundnadeln, die das Sockenstricken in Runden bequem ermöglichen.

Nadelsysteme sind empfehlenswert, wenn du mehr als nur ein Projekt stricken möchtest. In diesem Fall kaufst du keine festen Rundstricknadeln in mehreren Längen und Stärken, sondern schaffst dir Seile und Nadelspitzen an, die du beliebig miteinander kombinieren kannst. Auch bei Nadelsystemen findst du unterschiedliche Formen, Spitzen, Materialien und Längen der Spitzen. Es gibt Systeme zum Anschrauben sowie solche zum Anklicken der Nadeln an das Seil. Jedes System hat für sich gesehen seine Vor- und Nachteile, lass dich diesbezüglich vor dem Kauf beraten.

Nadelspiele/Strumpfstricknadeln bestehen in Deutschland in der Regel aus fünf Stricknadeln, die an beiden Enden mit einer Spitze versehen sind. Da sich die Nadeln von beiden Seiten abstricken lassen, eignen sie sich zum Stricken in der Runde mit kleinem Radius. Anwendungsbeispiele sind Ärmel, Socken, Handschuhe oder auch Mützen. Zum Stricken in Runden werden die Maschen dann auf drei bis vier Nadeln verteilt und in Runden mit einer jeweils freien Nadel abgestrickt. Nadelspiele gibt es ebenfalls in allen erdenklichen Materialien und Stärken. Die Länge der Nadeln variiert zwischen 10 und 30 cm. Für Socken wirst du in der Regel 20 cm lange Nadeln benutzen, das Stricken von Fingerhandschuhen ist mit noch kürzeren Nadeln von 10 bis 15 cm deutlich leichter.

Jackennadeln haben an einem Ende eine Nadelspitze und am anderen einen Stopper, der das Herunterrutschen von Maschen verhindert. Jackennadeln gibt es als feste Variante oder als sogenannte „Flexnadeln", die genauso funktionieren, nur dass sie an einem Ende ein Seil mit einem Stopper haben. Jackennadeln sind ein wenig aus der Mode gekommen, da auch mit Rundnadeln ebenso gut größere Strickstücke gestrickt werden können und sich das Gewicht der Maschen bei Rundnadeln durch die Seilverbindung angenehm auf beide Nadeln verteilt. Probiere einfach selbst aus, was dir besser gefällt und womit du dich wohler fühlst.

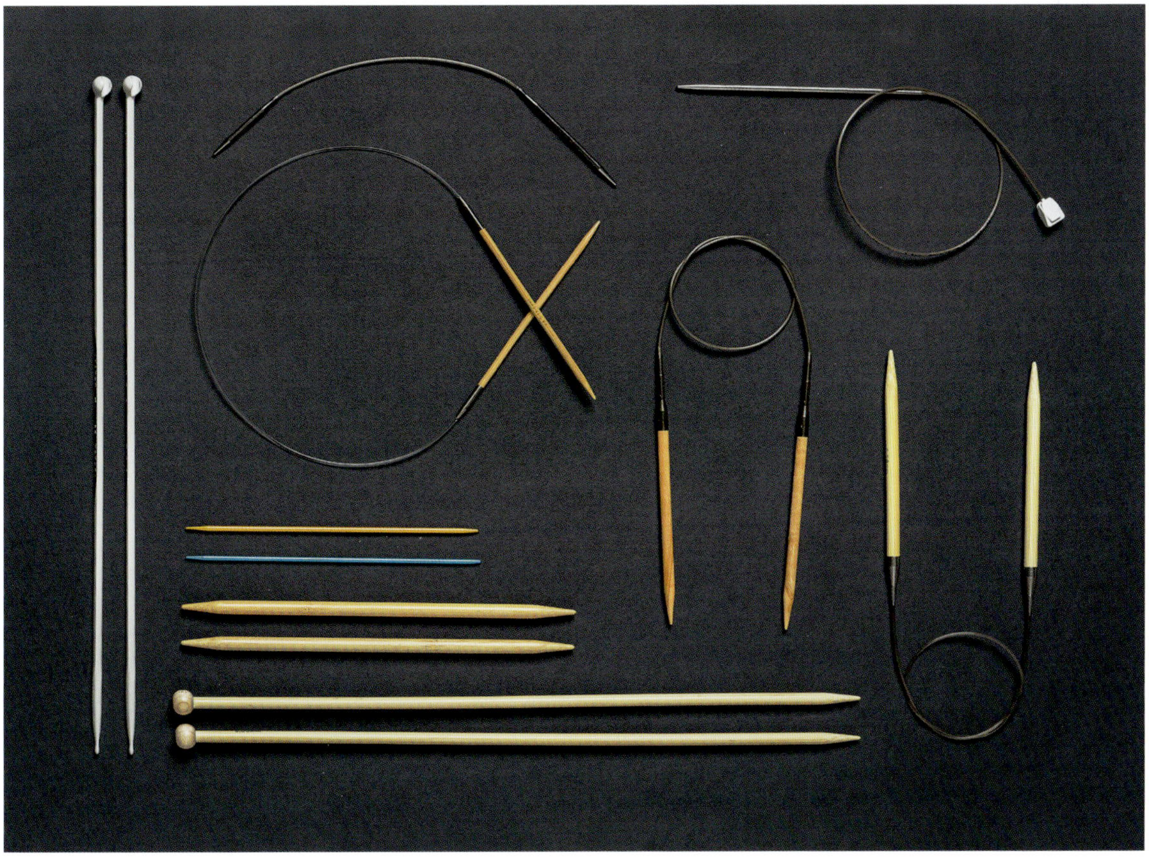

MASCHENPROBE

Stricke mit der Materialauswahl zu jedem deiner Strickprojekte eine oder besser noch mehrere Maschenproben. Begreife diese als Herz deiner Strickstücke. Du lernst durch sie die Eigenschaften des Materials kennen und kannst Entscheidungen über die Farbwahl treffen.

Sinn und Zweck der Maschenprobe

Mithilfe der Maschenprobe findest du die richtigen Nadeln in der passenden Stärke. Schließlich gewinnst du alle wichtigen Informationen über die spätere Pflege deines fertigen Strickstücks. Maschenproben stecken voller wertvoller Hinweise, die du dir keinesfalls entgehen lassen darfst.

Passende Nadelstärke

In jeder Strickanleitung ist eine Nadelstärke für das Projekt und das zu verstrickende Material angegeben. Auf den meisten Banderolen findest du zudem ebenfalls die empfohlene Nadelstärke für das entsprechende Garn. Diese Information ist seitens des Designers bzw. Herstellers als Hinweis zu verstehen, an dem du dich zwar orientieren kannst, der für dich jedoch nicht allzu relevant ist.

Viel wichtiger ist die Angabe der Maschenprobe in jeder Anleitung. Die Maschenprobe informiert dich darüber, wie viele Maschen und Reihen du beispielsweise auf eine Fläche von 10 x 10 cm stricken musst, um das Projekt exakt in der berechneten Größe fertigstellen zu können. Ob du nun die in der Anleitung vorgeschlagene Nadelstärke verwendest oder aber ein bis zwei Nadelstärken höher oder niedriger wählen musst, hängt davon ab, wie fest du im Vergleich zu der Designerin bzw. dem Designer strickst. Anhand deiner eigenen Maschenprobe findest du dies heraus.

Eigenschaften des Materials

Verstrickst du ein Material zum ersten Mal, hilft dir die Maschenprobe dabei, die Besonderheiten des Garns zu erkennen. Ist es ein sehr fest verzwirntes Garn oder ein Kabelgarn, bei dem sich zu spitze Nadelenden laufend im Faden verhängen? Die Maschenprobe gibt dir Aufschluss über derartige wichtige Details. Du kannst darauf basierend die Entscheidung treffen, ob du das Garn wirklich verwenden möchtest, und feststellen, ob du die passenden Nadeln zur Verfügung hast.

Tragekomfort und Wirkung des zukünftigen Strickstücks

Auch über den Tragekomfort sowie die Wirkung von Mustern und Farbzusammenstellungen erhältst du aus der Maschenprobe Aufschluss. Fühlt sich das Material eher kuschelig oder kratzig an? Ist es elastisch, oder leiert es bereits auf kleinen Flächen aus? Werden Gestaltungsaspekte wie Zöpfe oder Lochmuster gut sichtbar – oder verlieren sie möglicherweise durch die Art der Verzwirnung oder andere Eigenschaften des Materials an Ausdruck? Wie und in welcher Abfolge wirken Farben verstrickt miteinander am besten?

Die richtige Pflege

Jede Maschenprobe solltest du auch waschen. So ermittelst du die optimale Art der Pflege, bevor du in vielwöchiger Arbeit das ganze Projekt fertiggestellt haben. Wie reagiert das Material auf Handwäsche? Kann der fertige Pullover auch unkompliziert in der Waschmaschine gereinigt werden? Ein kleines Stück Maschenprobe ist schnell gestrickt, und es macht nichts, wenn wir feststellen, dass z. B. die Farben verlaufen. Aber was, wenn dir das bei einem fertigen Projekt passiert?

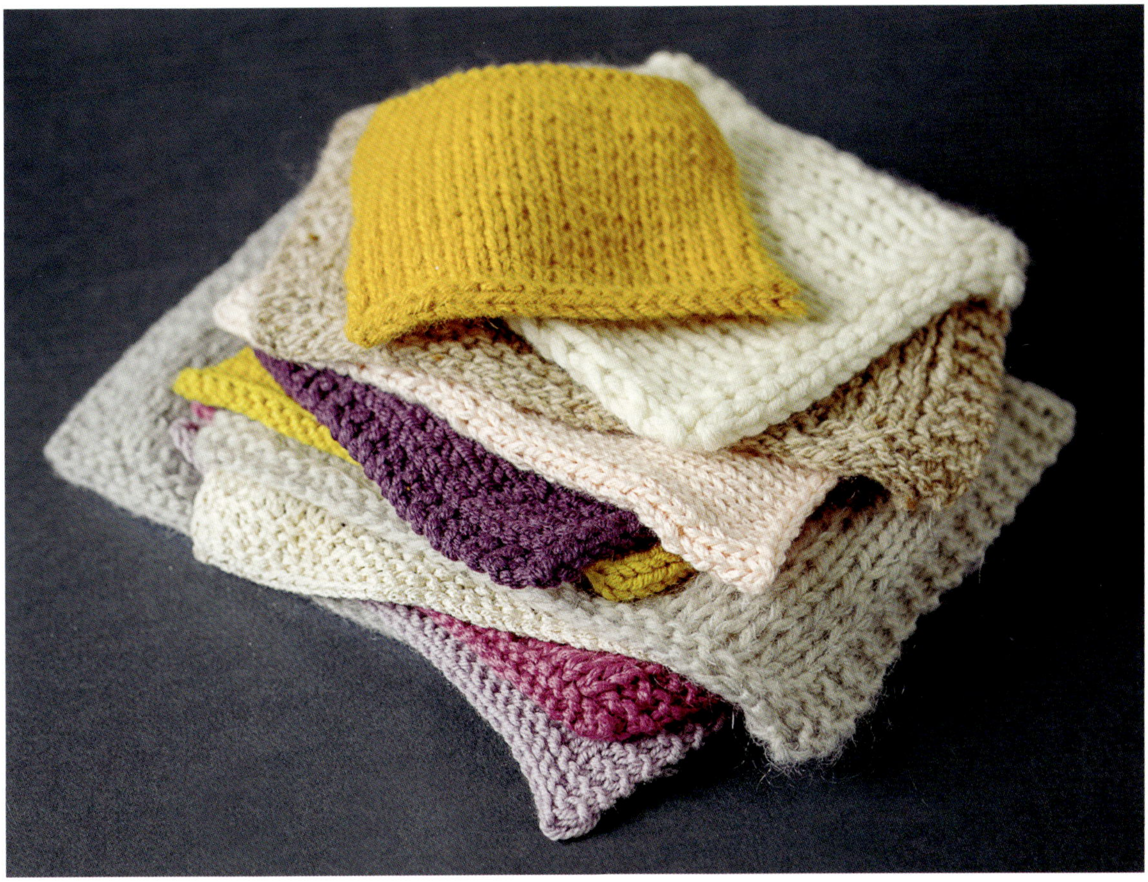

BLOCKEN – WASCHEN UND SPANNEN

Mittlerweile gehört das Blocken für mich zum gesamten Strickprozess dazu, genauso wie die geeignete Wolle auszusuchen und nicht zu vergessen das Stricken der Maschenprobe! Beim Blocken geht es vor allem darum, das fertige Strickstück auf die richtigen Maße zu bringen. In den meisten Anleitungen bezieht sich die Maschenprobe auf den geblockten, also gewaschenen und gespannten Zustand. Dementsprechend muss das Strickstück nach Fertigstellung geblockt werden, damit es die Maße erzielt, die anhand der geblockten Maschenprobe errechnet wurden. Generell kann gesagt werden, dass sich sämtliches natürliches Garn, ob Schaf-, Ziegen- oder Baumwolle, bei dem Waschen mit niedrigen Temperaturen weitet. Aufgrund der hohen Elastizität und geringen Reißfestigkeit von tierischer Wolle, sollten die Textilien immer schonend gewaschen und liegend getrocknet werden. Da Baumwolle besonders reißfest ist und geringe Dehnungseigenschaften besitzt, ist sie pflegeleichter.

HINWEIS: Bitte wasche und spanne deine Maschenprobe, damit sie vergleichbar mit meinen Angaben ist.

Bei manchen Projekten wie Mützen und Socken ist der Effekt nicht so groß, wobei auch hier das Maschenbild durch das Blocken gleichmäßiger und einfach schöner wird. Viele Projekte verlangen aber das Waschen und Spannen, damit überhaupt das Muster zur Geltung kommt. Das ist insbesondere bei Loch- und Zopfmustern der Fall, aber auch bei Rippenmuster wie in meinem Summer Night Shawl (S. 56).

Beispiel:

Das Dreieckstuch hatte vor dem Blocken eine Länge von 155 cm und eine Breite von 45 cm. Die Kanten haben sich leicht nach innen gerollt und die Rippen haben sich zusammengezogen. Aber keine Sorge, wir blocken das Dreieckstuch ja noch! Spoiler: Das Tuch hat nach dem Blocken eine Länge von 185 cm und eine Breite von 55 cm.

TIPP: Probiere dein Strickstück vor dem Blocken an. Du wirst sehen, welche Bereiche etwas länger oder breiter werden sollen, oder was genauso bleiben soll. Nimm Maß an deinem Strickstück (Ärmellänge, Länge Körper ab unter dem Arm, Breite etc.) und notiere dir, welche Maße zu erzielen willst.

SO GEHT'S

Materialien:

Wasser, Wollwaschmittel, 2–3 Handtücher, Matte (Isomatte, Yogamatte geht auch, Kinderbodenmatten oder Profi-Block-Matten), Stecknadeln

1

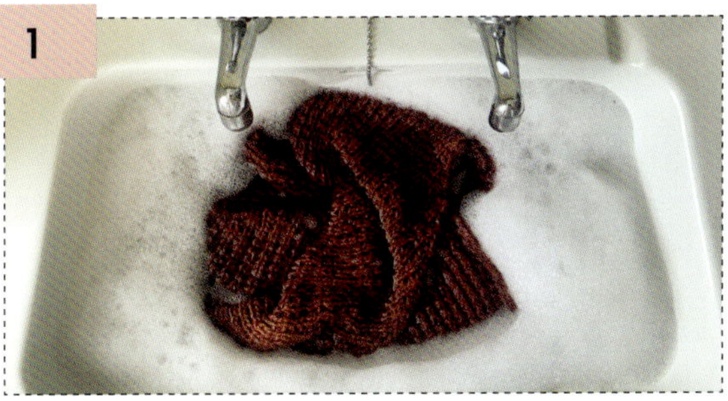

In eine Schüssel, Waschbecken oder Badewanne kaltes bis lauwarmes Wasser einlassen und etwas Wollwaschmitten (kein Weichspüler!) hinzufügen. Das Strickstück dazugeben und sanft untertauchen. Du wirst sehen, dass kleine Luftblasen aufsteigen. Die zuvor mit Luft gefüllten Fasern werden mit Wasser aufgefüllt. Nachdem sämtliche Luft entweicht ist, lass das Strickstück noch ca. 10 Minuten einweichen.

2

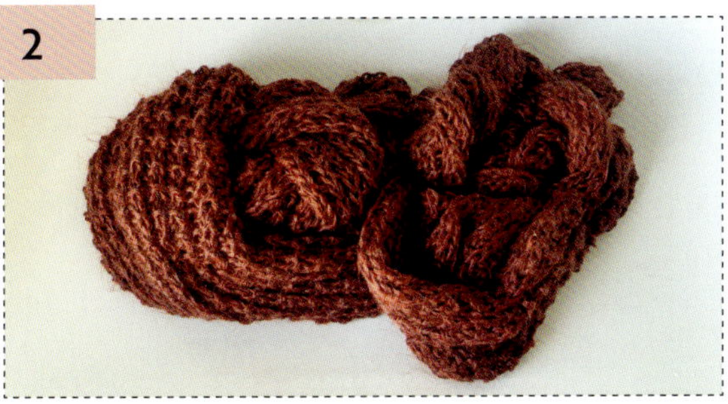

Das Wasser ablassen und mit frischem Wasser nachspülen. Vorsichtig sein! AUF KEINEN FALL WRINGEN! Das Strickstück vorsichtig gegen die Waschbeckenwand drücken. Auf keinen Fall auseinandergefaltet hochheben und abtropfen lassen! Nachdem das größte Anteil des Wassers vorsichtig ausgedrückt wurde, das Strickstück als zusammengefaltetes Paketchen auf ein Handtuch legen. Jetzt kannst du es vorsichtig auseinanderfalten und das Handtuch samt Strickstück zu einer Rolle einrollen und leicht Druck ausüben.

3

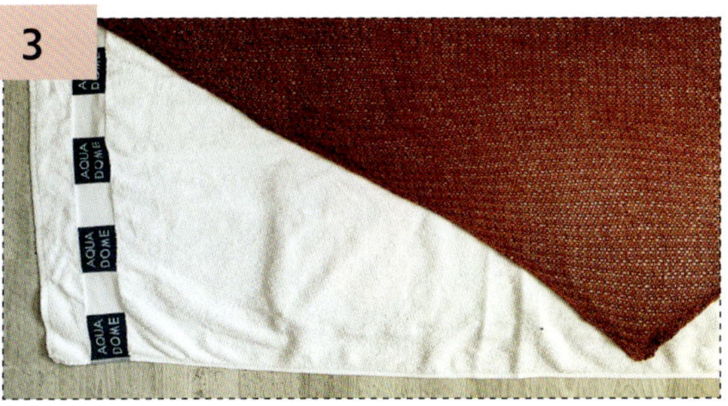

Platziere das feuchte Strickstück auf einer Matte mit Handtuch. Nun musst du etwas geduldig sein, bis alles so liegt und mit Stecknadeln fixiert ist, wie du es gerne hättest. Einen selbst etwas zu lang geratenen Bereich kannst du durch zusammenchoppen (beide Hände in kurzer Streichelbewegung zueinander) wieder kürzen, ohne dass du es zwingend breiter machen musst an der Stelle.

4

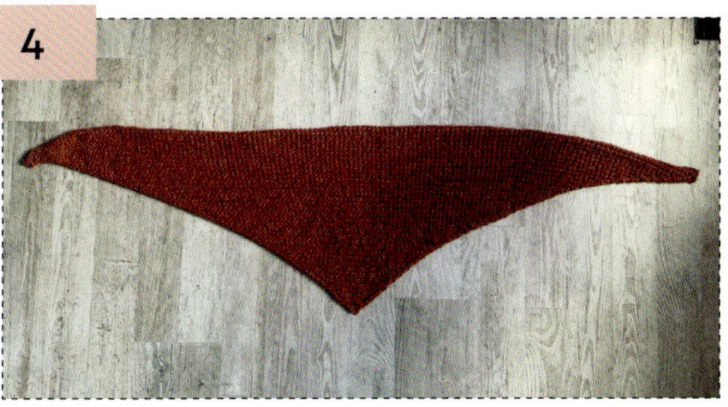

Warten bis alles getrocknet ist.

MASCHENANSCHLAG

Mit dem Anschlagen von Maschen fängt jedes Strickprojekt an – vom einfachen Topflappen bis hin zu komplizierten Jacken. Aber auch im Laufe eines Projekts kann das erneute Anschlagen von Maschen notwendig sein, beispielsweise beim Arbeiten von Knopflöchern.

Kreuzanschlag

Der Kreuzanschlag ist der herkömmlichste und bekannteste Maschenanschlag. Gerade für Anfänger:innen ist er einfach zu erlernen und zu bewältigen. Er kann für jedes darauffolgende Muster verwendet werden und bildet eine stabile und zugleich elastische Kante.

HINWEIS: Diese Grundschlinge (auch „Anfangsschlinge") ist der Beginn beinahe aller Anschlagsmethoden.

1

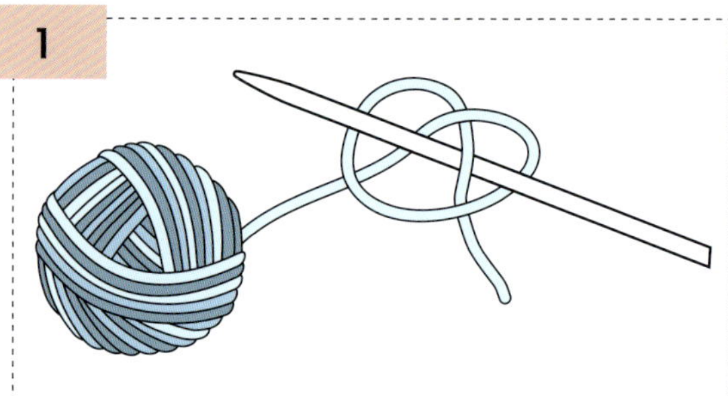

Es wird zunächst auf der rechten Nadel eine Grundschlinge gebildet. Das Fadenende sollte dabei etwa 3x so lang sein wie die gewünschte Anschlagskante – bei dickerem Garn etwas mehr, bei dünnerem etwas weniger.

2

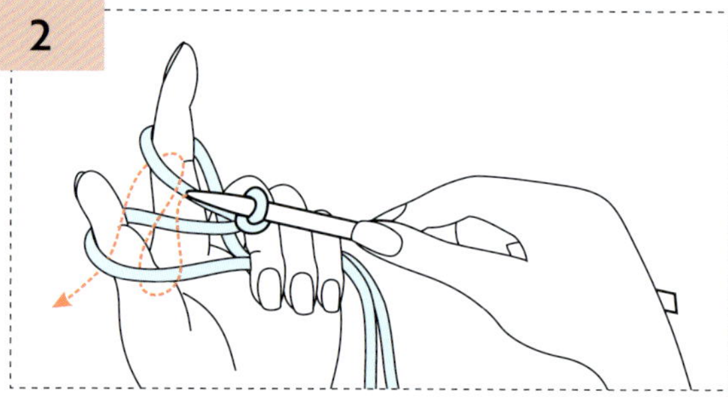

Den Arbeitsfaden, der mit dem Garnknäuel verbunden ist, über den Zeigefinger führen, das Garnende über den Daumen legen. Die Nadel unter den linken Daumenfaden führen, dann über den linken Zeigefingerfaden und diesen als Schlaufe durch die beiden Daumenfäden hindurch nach vorne ziehen.

3

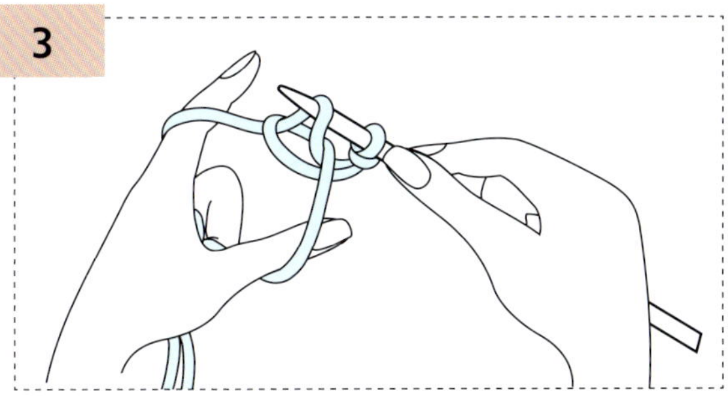

Die Masche auf der Nadel anziehen und die Fäden auf Daumen und Zeigefinger legen. Schritt 2 und 3 laufend wiederholen.

TIPP: Gerade Anfänger:innen neigen dazu, den Kreuzanschlag besonders fest auszuführen. Schlag die Maschen dann einfach statt mit nur einer mit zwei parallel zusammengelegten Nadeln an, so wird der Anschlag etwas lockerer. Sollte dein Anschlag umgekehrt stets zu locker ausfallen, verwende für die Anschlagsreihe eine um ein bis zwei Nadelstärken dünnere Nadel.

Maschen aufschlingen

Das Aufschlingen von Maschen ist die simpelste Anschlagstechnik, bildet allerdings eine wenig stabile Kante, weshalb sich diese Methode ausschließlich für weniger strapazierte Stücke oder für nur kurze Anschläge eignet. Bei dieser Technik wird mit nur einem Faden gearbeitet, am Ende der Reihe oder nach dem Bilden der Grundschlinge werden schrittweise Schlaufen auf die Nadel gelegt. Das Aufschlingen praktiziert man z.B. innerhalb des Strickstücks, wenn an einem Rand zusätzlich Maschen aufgenommen werden sollen. Beispiele hierfür sind das Stricken der Finger bei Handschuhen und Fäustlingen oder das Arbeiten von Knopflöchern.

1

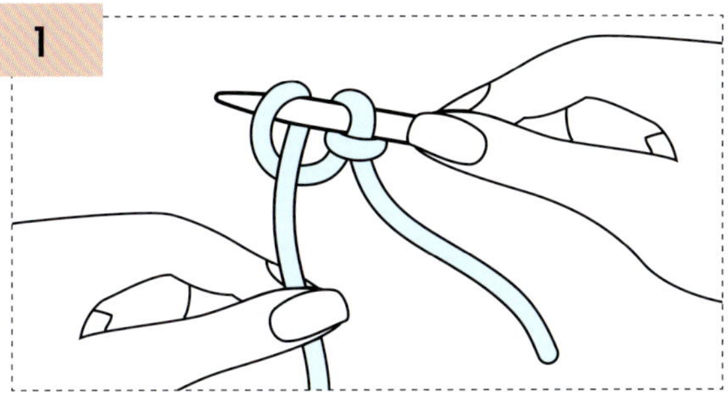

Die Nadel mit der Anfangsschlinge in der rechten Hand halten und den Arbeitsfaden um den Daumen legen. Dabei den Arbeitsfaden leicht festziehen.

2

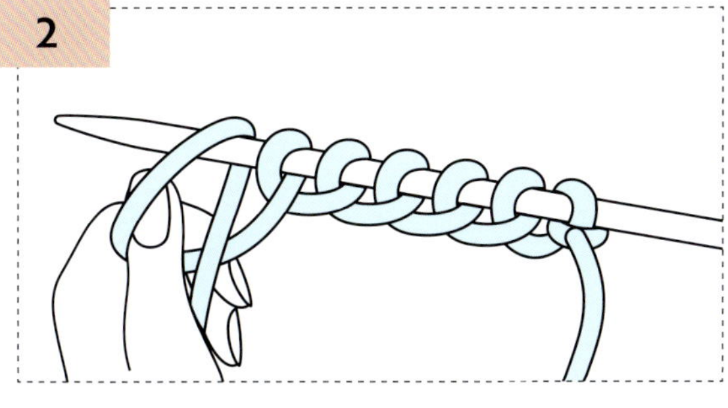

Den Faden um die Nadel führen und diesen Vorgang so oft wiederholen, bis die gewünschte Anzahl Maschen aufgeschlungen ist.

RECHTE & LINKE MASCHEN

Nachdem du die nötige Anzahl Maschen für dein Strickstück angeschlagen hast, geht es an das eigentliche Stricken dieser Maschen. Basis dafür sind rechte und linke Maschen. Beherrscht du diese beiden Typen, kannst du bereits erste Strickstücke herstellen.

HINWEIS: Bei der in Deutschland üblichen Methode und auch der englischen/amerikanischen ist die Strickrichtung dieselbe – sie unterscheiden sich lediglich dadurch, dass der Arbeitsfaden einmal über den rechten und bei der anderen Methode über den linken Zeigefinger geführt wird.

Faden und Nadeln richtig halten

Die Art, Nadel und Faden in den Händen zu halten und zu stricken, unterscheidet sich von Stricker:in zu Stricker:in. Während die eine beim Abstricken einer Masche beide Hände bewegt, hält die Nächste eine der beiden Hände still. Der Dritte wickelt den Arbeitsfaden um den Mittelfinger anstatt, wie für dich möglicherweise gewohnt, um den Zeigefinger, und der Vierte hält den Faden auf englische Art gleich in der rechten anstatt (wie bei uns üblich) in der linken Hand. Die Unterschiede in Haltung, Bewegung und Fadenspannung sind auch der Grund dafür, weshalb das Strickbild und die jeweilige Maschenprobe sich so stark unterscheiden können – abhängig davon, wer strickt. Mit ein wenig Übung wirst du schnell die für dich bequemste Haltung beim Stricken herausfinden. Aber auch fortgeschrittene Stricker:innen sollten ab und an die Haltung und die Spannung des Fadens überprüfen und an ihrer eigenen Technik feilen.

1

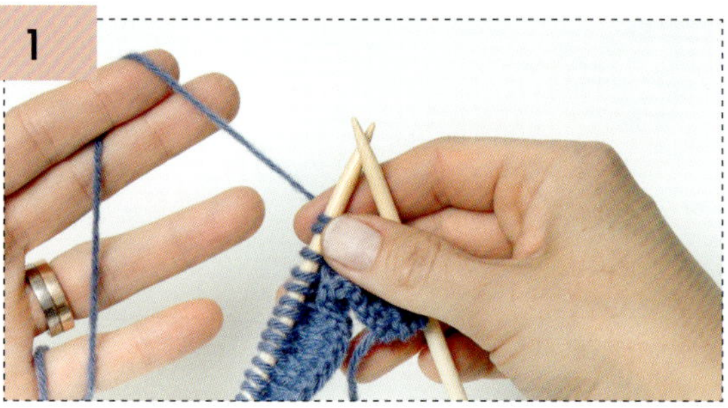

In Deutschland wird der Faden üblicherweise in der linken Hand gehalten und über den Zeigefinger geführt.

2

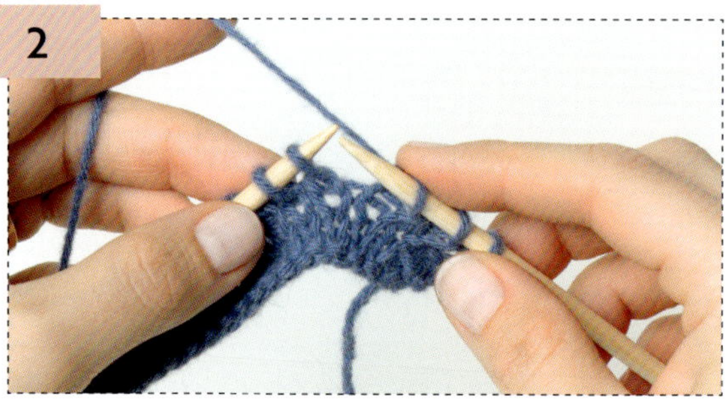

Wie die Fadenspannung am gleichmäßigsten gelingt, ist dabei jeder/jedem selbst überlassen.

Englische/amerikanische Strickmethode, rechtshändiges Stricken

1

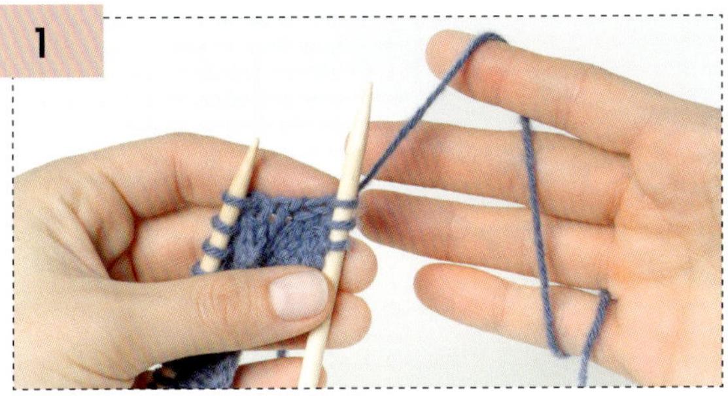

Im englischsprachigen Raum ist es üblich, den Arbeitsfaden in der rechten Hand zu führen.

2

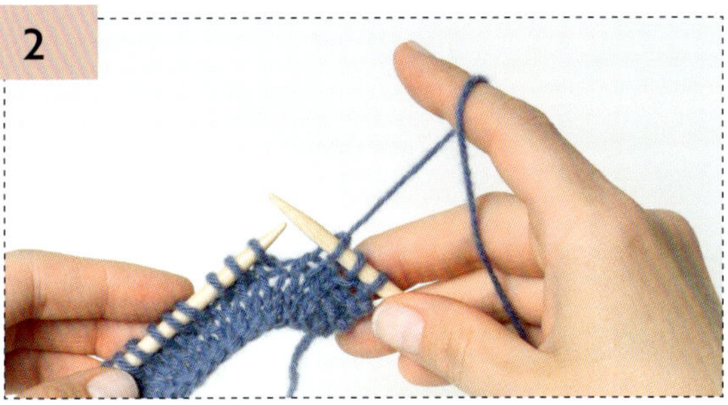

Der Faden wird dann mit dem rechten Zeigefinger um die Nadelspitze gelegt.

Rechte Maschen

1

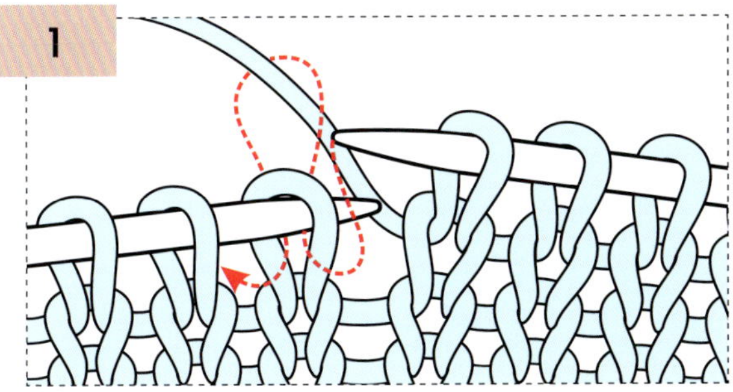

Bei rechten Maschen liegt der Arbeitsfaden hinter dem Strickstück. Dann wird mit der rechten Nadel von links vorn in die nächste Masche eingestochen, der Arbeitsfaden von oben gegriffen und durch die Masche gezogen.
Die neue Masche befindet sich dann auf der rechten Nadel, die alte Masche gleitet von der linken herunter.

Linke Maschen

2

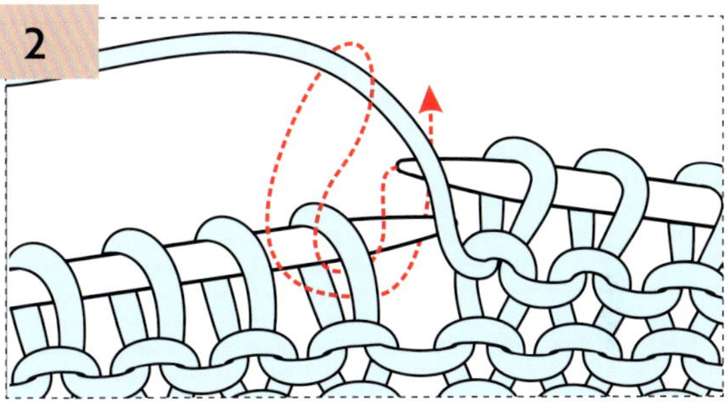

Für linke Maschen nimmst du den Arbeitsfaden vor dein Strickstück und stichst mit der rechten Nadel rechts in die nächste Masche. Lege den Arbeitsfaden um die Nadel herum und hole ihn durch die Masche. Auch hier befindet sich die neue Masche auf der rechten Nadel, die alte Masche gleitet von der linken herunter.

STRICKEN IN REIHEN

Strickst du ein Projekt in Reihen, so wendest du die Arbeit jeweils am Ende einer Reihe und strickst die Maschen auf der Rückseite wieder zurück. In Strickanleitungen liest du Anweisungen für die Hinreihen sowie für die Rückreihen.

Glatt rechts in Reihen stricken

Zum Arbeiten von glatt rechts gestrickten Strickstücken werden die Maschen in den Hinreihen, also auf der Vorderseite, stets rechts gestrickt. In den Rückreihen, auf der Rückseite also, strickst du die Maschen hingegen links. Sie erscheinen dann nämlich auf der Vorderseite wieder als rechte Maschen. Kraus rechts bedeutet, dass sowohl die Hin- wie auch die Rückreihen ausschließlich mit rechten Maschen gestrickt werden.

TIPP: Auch für das Stricken von Reihen verwendest du für größere Strickprojekte Rundnadeln. Die zum Teil sehr große Maschenzahl findet dann auf dem Nadelseil Platz. Die Arbeit wird einfach am Ende der Reihe gewendet.

1

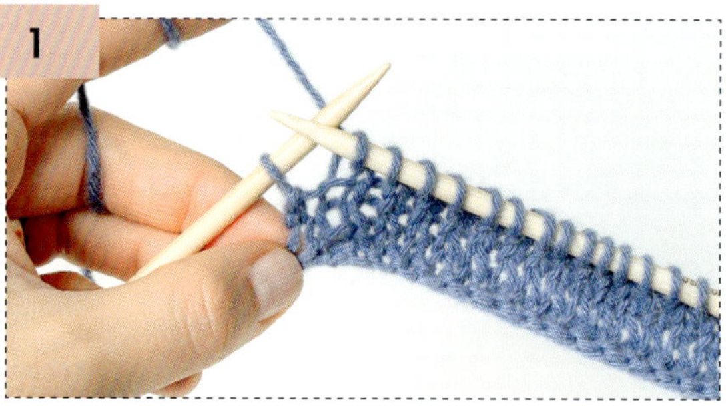

2

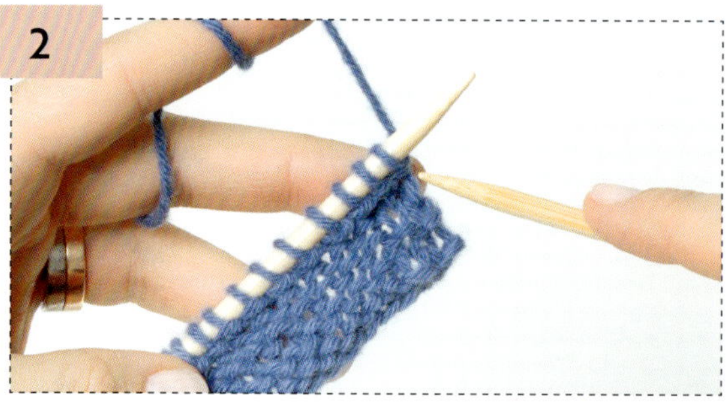

STRICKEN IN RUNDEN

Viele Projekte werden in Runden gestrickt. Kleinere Runden arbeitet man dabei mit einem Nadelspiel, sehr kurzen Rundnadeln oder mit der Magic-Loop-Technik. Für große Runden verwendest du Rundstricknadeln in den entsprechenden Längen.

Nadelspiel

Nadelspiele bestehen in der Regel aus fünf Stricknadeln mit je zwei spitzen Enden. Beim Stricken mit dem Nadelspiel werden die Maschen gleichmäßig auf drei (bei kleinen Radien) oder vier Nadeln verteilt. Mit der jeweils freien Nadel strickt man die Maschen ab.

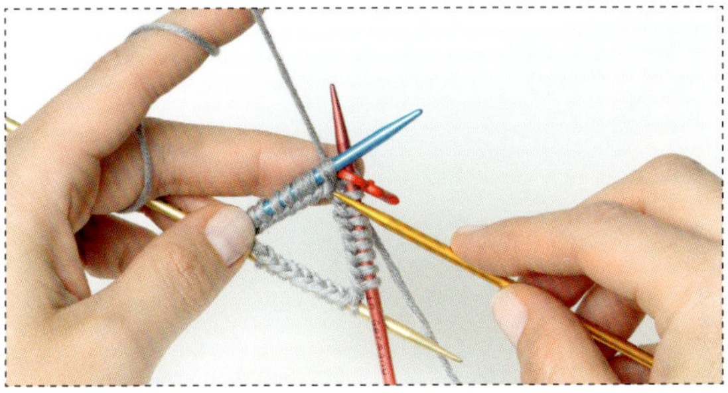

Achte beim Maschenanschlag darauf, dass sich die Maschen nicht verdrehen. Ordne die Nadeln beim Stricken so an, dass beide Spitzen derjenigen Nadel, von der gerade abgestrickt wird, oben liegen.

TIPP: Ein häufiges Problem beim Stricken mit dem Nadelspiel sind die sogenannten „Leitern", die zu lockeren Übergänge zwischen den Nadeln. Um diese zu vermeiden, stricke stets die erste Masche extra fest, oder versetze jeweils die letzte Masche, indem du sie auf die nächste Nadel nimmst und dann erst abstrickst. So werden die Zwischenräume unsichtbar.

Den Rundenbeginn kannst du dir mithilfe eines Maschenmarkierers oder eines kontrastfarbenen Fadens kennzeichnen. Du erkennst ihn allerdings auch stets am Anfangsfaden, der an dieser Stelle herunterhängt.

EXPERTEN-TIPP: Um die Stufe zu vermeiden, die beim Schließen der Runde häufig entsteht, gibt es einen Trick: Nimm dazu beim Schließen der Runde die erste Masche ungestrickt auf die rechte Nadel und hebe die letzte Masche der Anschlagskante über diese erste Masche hinweg auf die linke Nadel. Ziehe den Faden fest, setze den Maschenmarkierer zur Kennzeichnung des Rundenbeginns und beginne mit dieser platzierten Masche als erste Masche der Runde. Auf diese Weise werden die erste und letzte Masche dicht miteinander verankert, man sieht den Übergang nicht mehr.

Rundstricknadel

Größere Runden strickst du mit einer Rundnadel, deren Seillänge zum Radius deines Strickprojekts passt. Ist das Seil zu lang, kannst du die Runde nicht schließen, ist es zu kurz, haben nicht alle Maschen der Runde Platz auf dem Seil. Wenn du ein Nadelsystem benutzt, kannst du auch mehrere Seile miteinander verbinden.

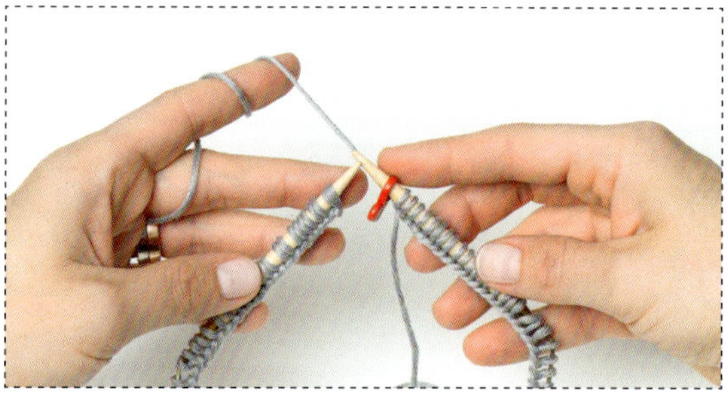

EXTRA KURZE RUNDNADELN: Die Nadelhersteller haben die Nützlichkeit besonders kurzer Rundnadeln erkannt. So gibt es mittlerweile sogar extra kurze Rundnadeln, die du für das Stricken von Socken und Ärmeln verwenden kannst.

Schlage die gewünschte Anzahl Maschen mit der Rundnadel an. Wende die Arbeit nicht, wie du es beim Stricken in Reihen tun würdest, sondern schließe die Runde, indem du nun mit der allerersten angeschlagenen Masche einfach weiterarbeitest. Achte darauf, dass sich die Maschen beim Schließen der Runde nicht verdrehen.

MAGIC LOOP

Strickst du auch kleinere Runden lieber mit einer Rundnadel anstatt mit einem Nadelspiel, dann nutze die Magic-Loop-Technik. Dafür ziehst du das lange Seil einer Rundnadel aus der Mitte der Runde heraus. Man nennt sie auch Zauberschlinge.

1

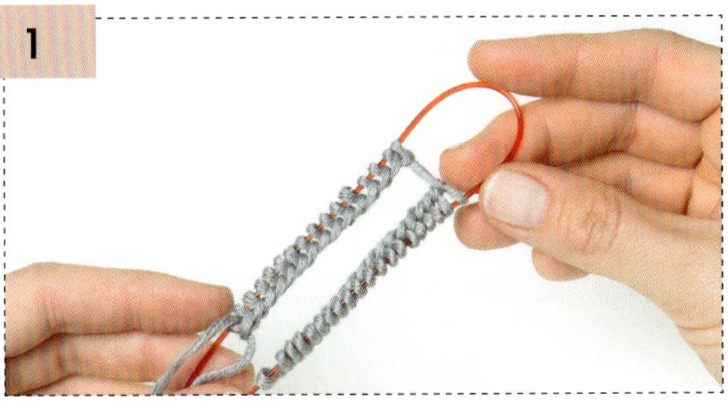

Schlage die gewünschte Anzahl Maschen an und schiebe sie zur Seilmitte. Aus der Mitte der Maschen holst du das Seil als Schlaufe heraus.

2

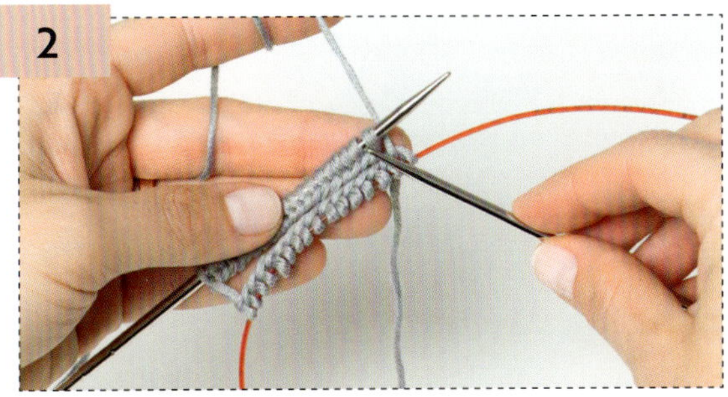

Schiebe die Maschen mit dem Rundenbeginn jetzt auf die Nadelspitze, ziehe die rechte Nadel lang heraus und beginne die Runde zu stricken. Achte darauf, dass sich die Maschen dabei nicht verdrehen.

3

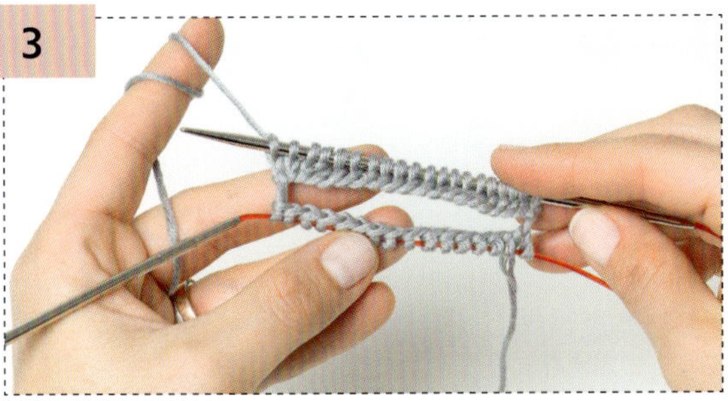

Hast du die erste Reihe fertig abgestrickt, schiebe diese Maschen zur Mitte des Seils und die anderen Maschen auf die linke Nadelspitze.

4

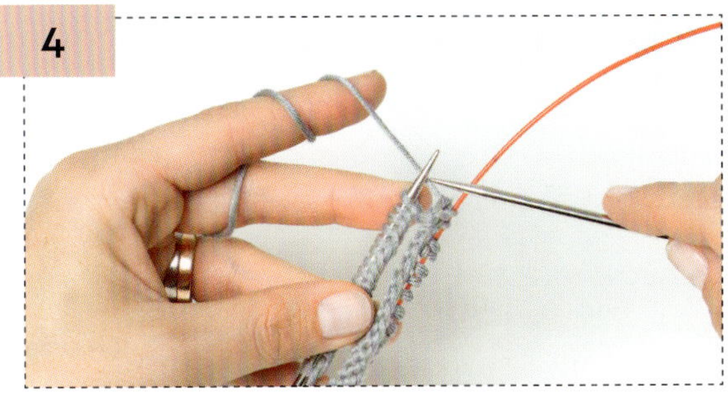

Nach diesem Prinzip arbeitest du stets halbe Runden weiter.

PATENTMUSTER

Klassisches Patentmuster

Gerade Maschenanzahl.

Vorbereitungsreihe: * 1 Masche mit einem Umschlag abheben (Doppelmasche), 1 Masche rechts, ab * wiederholen bis zum Ende.

Alle weiteren Reihen: * 1 Masche mit einem Umschlag abheben, Doppelmasche rechts stricken, ab * wiederholen bis zum Ende.

Einzelne Patentmasche

Die Masche, die als Patentmasche gestrickt werden soll, wird in jeder Hinreihe als Doppelmasche (DM) rechts gestrickt und in der Rückreihe mit einem Umschlag abgehoben.

Patentmuster in Runden:

Vorbereitungsrunde: Siehe oben.
1. Runde: * Umschlag mit abgehobener Masche (Doppelmasche) links zusammenstricken, 1 Masche mit Umschlag wie zum Linksstricken abheben. *
2. Runde: * 1 Masche mit Umschlag abheben, Doppelmasche rechts zusammenstricken. *

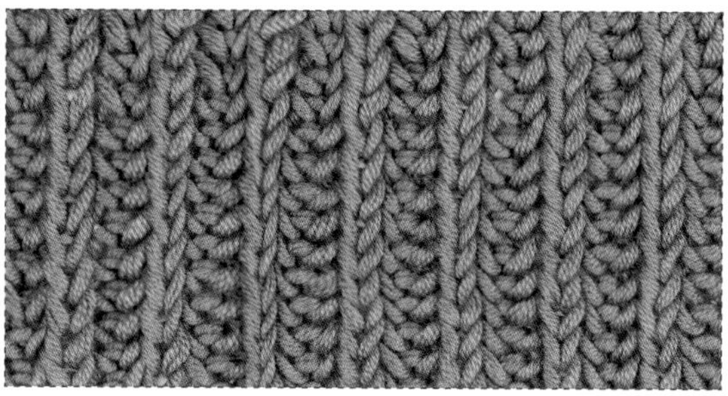

Halbpatent

Beim Stricken im Halbpatent entstehen markante Rippen. Im Gegensatz zum Vollpatent gibt es hier eine Vorder- und eine Rückseite, die unterschiedlich erscheinen, da nur eine Reihe als Patentreihe gestrickt wird. Gestrick im Halbpatent ist schön elastisch, aber insgesamt stabiler und kompakter als Vollpatent. Zudem ist das Halbpatent nicht ganz so voluminös.
Es gibt 2 verschiedene Möglichkeiten, Halbpatent zu stricken, dabei empfiehlt sich stets eine ungerade Maschenzahl:

Halbpatent mit tiefer gestochenen Maschen:
1. Reihe (= Rückreihe): 1 Randmasche, * 1 Masche links, 1 Masche rechts *; von * bis * wiederholen bis 2 Maschen vor Ende, 1 Masche links, 1 Randmasche.
2. Reihe (= Hinreihe): 1 Randmasche, * 1 Masche rechts, dabei 1 Reihe tiefer einstechen, 1 Masche links *; von * bis * wiederholen bis 2 Maschen vor Ende, 1 Masche rechts, 1 Randmasche.

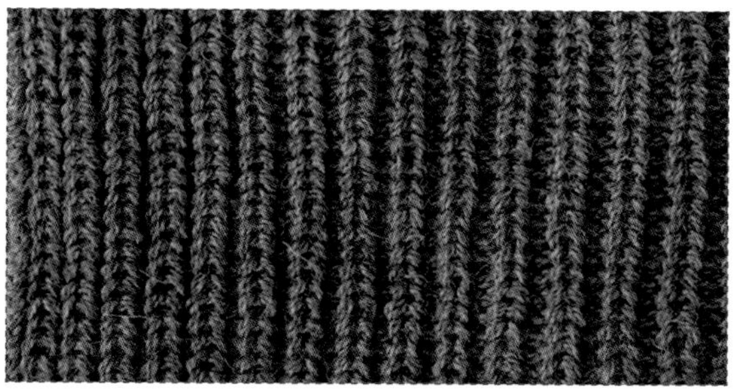

RANDMASCHEN

Knötchenrand

Auch der Knötchenrand ergibt einen festen Rand. Er eignet sich besonders zum Herausstricken von rechten Maschen. Verschiedene Varianten des Knötchenrands sind möglich:

1. Variante: Einfacher Knötchenrand

Ergibt ein Knötchen für zwei Reihen. In jeder Reihe wird die erste Masche ungestrickt wie zum Rechtsstricken abgehoben und die letzte Masche rechts gestrickt. Der einfache Knötchenrand eignet sich für Arbeiten, die kraus rechts gestrickt werden.

Hinreihen: Rechts abheben ... rechts.

Rückreihen: Rechts abheben ... rechts.

2. Variante: Fester Knötchenrand

Wird auch als doppelter Perlrand bezeichnet. Die Randmaschen werden stets rechts gestrickt, es entsteht ein Knötchen in jeder Reihe.

Hinreihen: Rechts ... rechts.

Rückreihen: Rechts ... rechts.

3. Variante: Schweizer Rand

Entspricht dem festen Knötchenrand in linken Maschen. Er empfiehlt sich dann, wenn der Rand möglichst unelastisch sein soll, z. B. für angestrickte Blenden, die beim Annähen von Knöpfen nicht ausleiern dürfen.

Hinreihen: Links ... links.

Rückreihen: Links ... links.

I-Cord-Randmasche

Die I-Cord-Randmasche ergibt ein dem Kettrand ähnliches Ergebnis.

1. Variante

Hinreihen: Die ersten beiden Maschen links abheben (Faden vor der Arbeit) ... die letzten beiden Maschen links stricken.

Rückreihen: Die ersten beiden Maschen rechts abheben (Faden hinter der Arbeit) ... die letzten beiden Maschen rechts stricken.

2. Variante

Hinreihen: Die ersten beiden Maschen rechts abheben (Faden hinter der Arbeit) ... die letzten beiden Maschen rechts stricken.

Rückreihen: Die ersten beiden Maschen links abheben (Faden vor der Arbeit) ... die letzten beiden Maschen links stricken.

ZUNAHMEN

Zunahmen aus dem Querfaden sind besonders beliebt, da sie sich sehr schön in ein glatt rechtes Maschenbild einfügen. Gerne werden sie auch links und rechts von einer oder mehreren Mittelmaschen gestrickt. In diesem Fall arbeitet man sie gegengleich einmal nach rechts und einmal nach links geneigt.

Nach links geneigt aus dem Querfaden

1

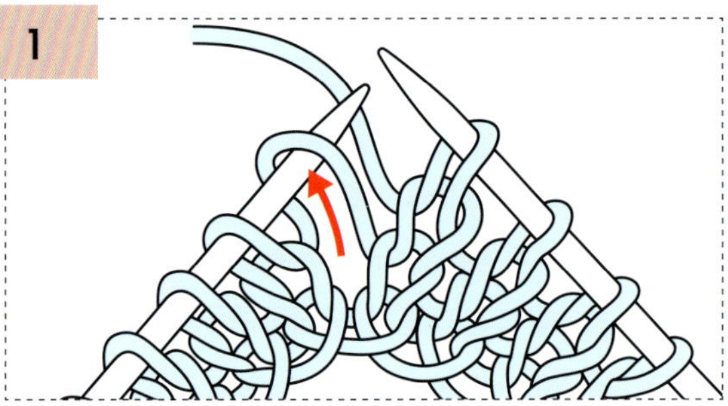

Mit der linken Nadel von vorn den Querfaden zwischen der rechten und linken Nadel aufnehmen.

2

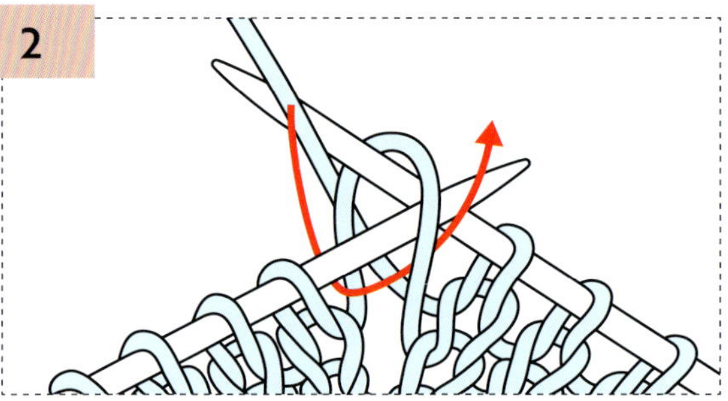

Diesen Querfaden rechts verschränkt stricken …

3

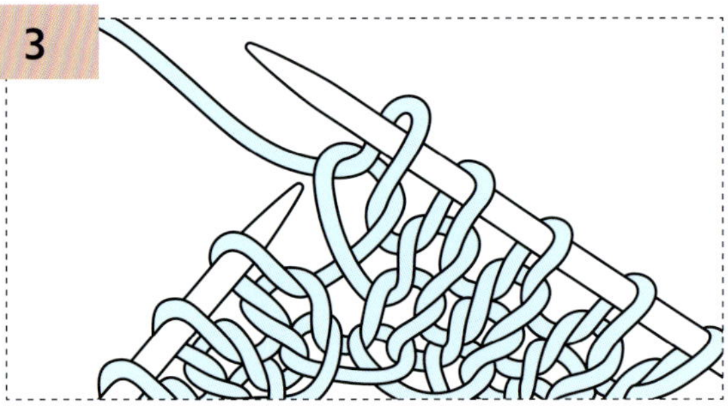

… und von der linken Nadel gleiten lassen.

HINWEIS: „Make one left / Make one right": In englischsprachigen Strickanleitungen findest du die nach links geneigte Zunahme aus dem Querfaden als M1L („make one left") und die nach rechts geneigte Zunahme aus dem Querfaden als M1R („make one right").

Nach rechts geneigt aus dem Querfaden

1

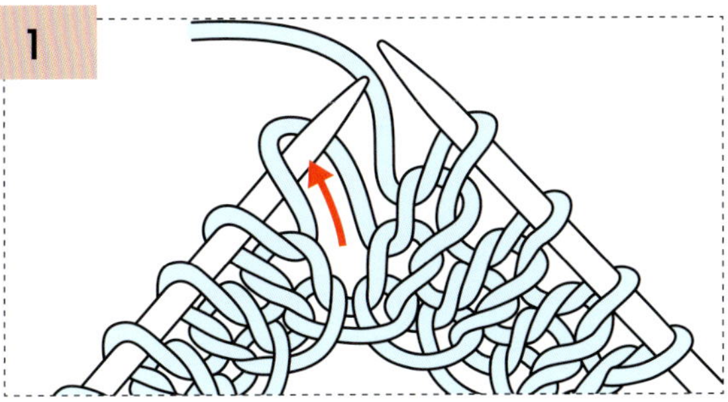

Mit der linken Nadel von hinten den Querfaden zwischen der rechten und linken Nadel aufnehmen.

2

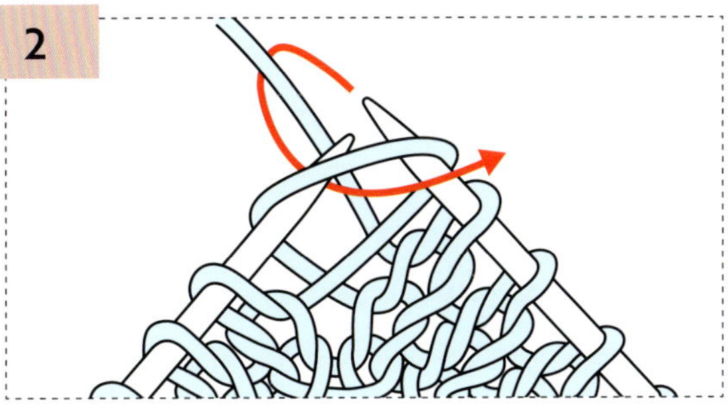

Diesen Querfaden normal rechts abstricken …

3

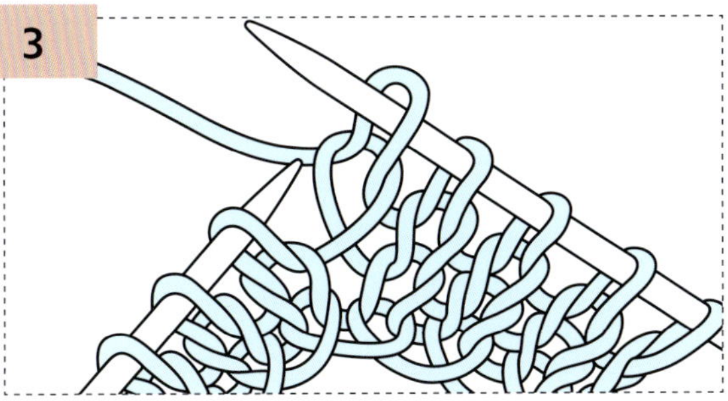

… und von der linken Nadel gleiten lassen.

Zwei Maschen aus einer Masche rechts herausstricken

1

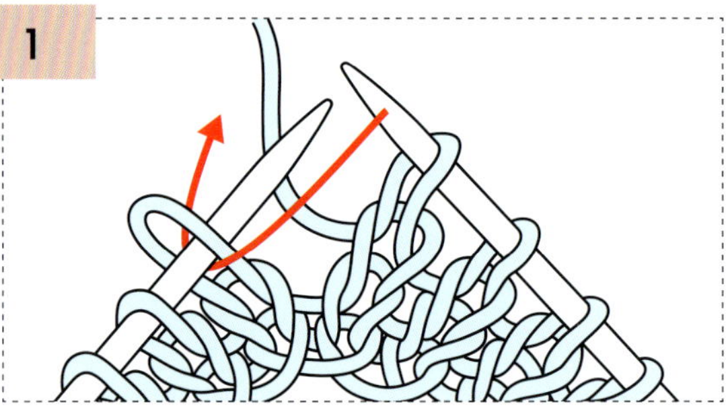

Mit der rechten Nadel wie zum Rechtsstricken in die nächste Masche einstechen …

2

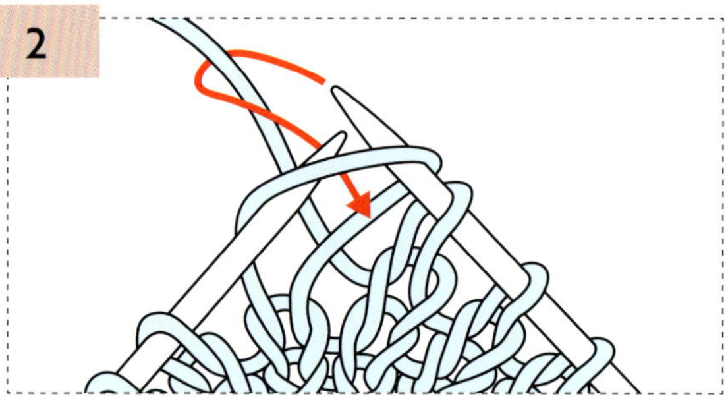

… und den Faden durchholen.

3

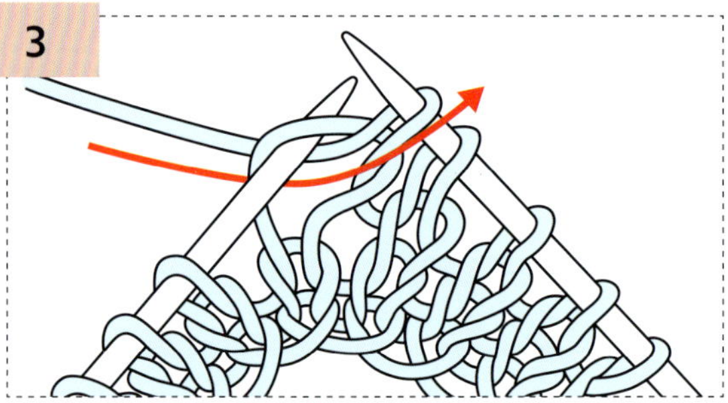

Die Masche aber noch nicht von der Nadel gleiten lassen, …

4

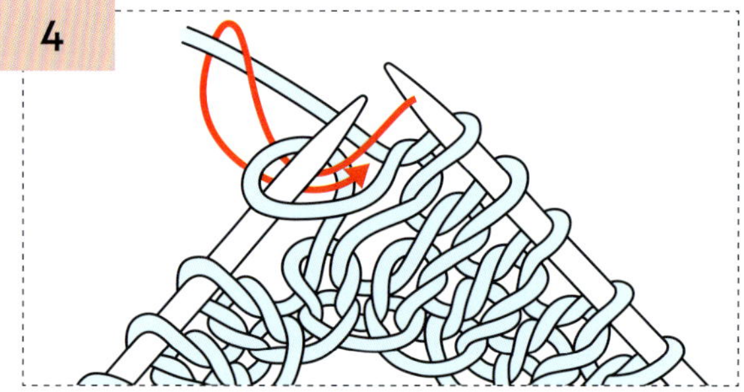

… sondern noch einmal verschränkt (also durch den hinteren Maschenschenkel) stricken.

5

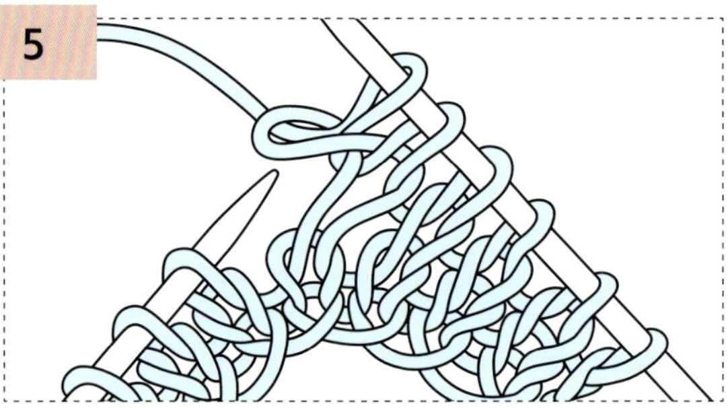

Die Masche dann von der linken Nadel gleiten lassen.

ABNAHMEN

Abnahmen können sowohl innerhalb eines Strickstücks als auch am Rand gestrickt werden. Grundsätzlich reduzierst du die Maschenzahl an der entsprechenden Stelle, indem du eine oder mehrere Maschen miteinander abstrickst. Je nach Art der Abnahme erscheint sie nach links oder nach rechts geneigt.

**Nach rechts geneigte Abnahme:
2 Maschen rechts zusammenstricken**

1

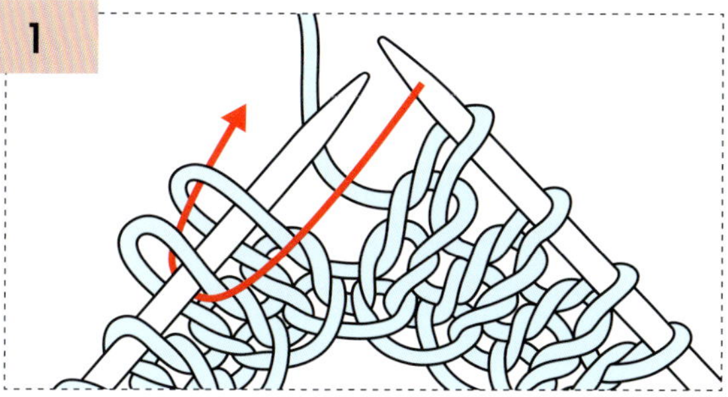

Führe die rechte Nadel von links nach rechts erst durch die übernächste, dann durch die nächste Masche der linken Nadel.

2

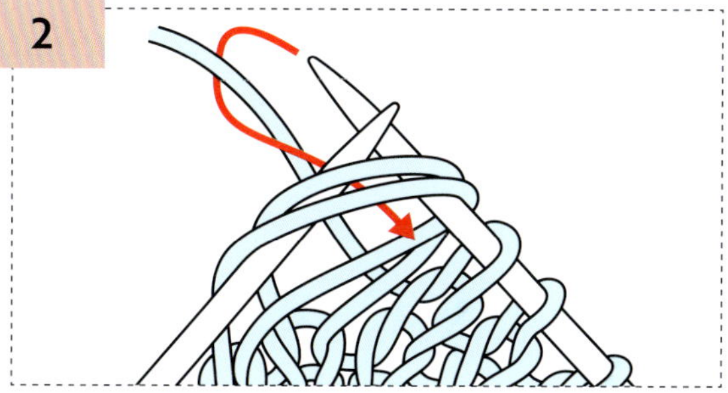

Hole den Arbeitsfaden wie zum Rechtsstricken durch.

3

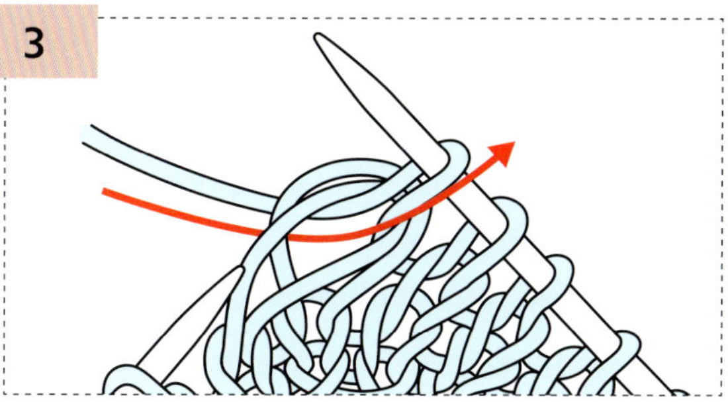

Lass beide Maschen von der linken Nadel gleiten. Auf diese Weise kannst du natürlich auch drei oder mehr Maschen zusammenstricken.

TIPP: Alternativ können als linksgeneigte Abnahme auch 2 Maschen rechts abgehoben zusammengestrickt werden. Dazu die beiden Maschen einzeln wie zum Rechtsstricken abheben, danach zurück auf die linke Nadel legen (sodass sie verdreht auf der Nadel liegen) und anschließend verschränkt zusammenstricken.

Nach links geneigte Abnahme: 2 Maschen rechts überzogen zusammenstricken

1

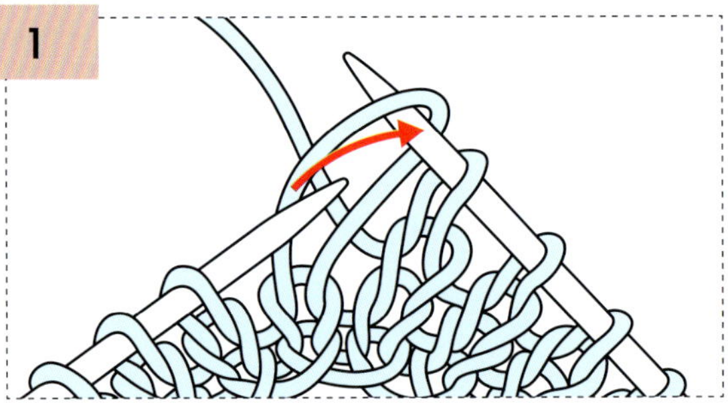

Die erste Masche wie zum Rechtsstricken abheben.

2

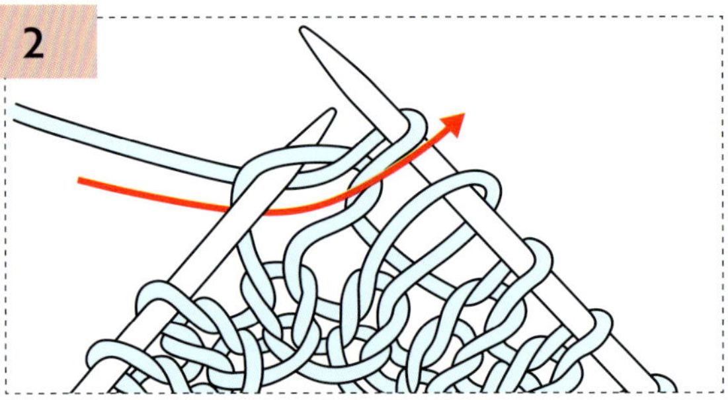

Die nächste Masche rechts stricken.

3

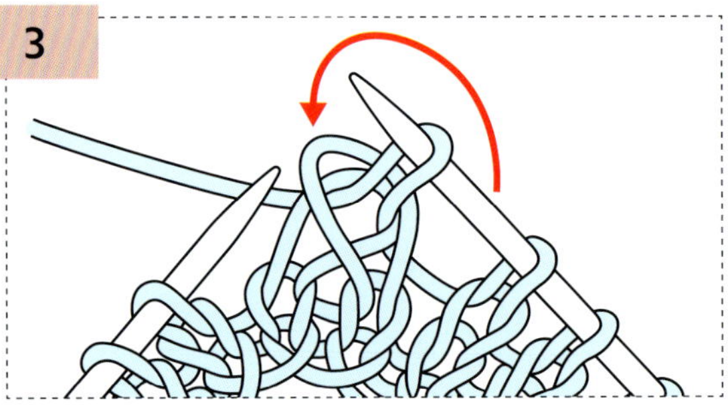

Die zuvor abgehobene Masche von rechts nach links überziehen.

Vertikal erscheinende Abnahme:

Diese doppelte Abnahme erscheint gerade, also weder nach links noch nach rechts geneigt. Sie eignet sich daher besonders für die Mittelmasche.

Doppelter Überzug vertikal

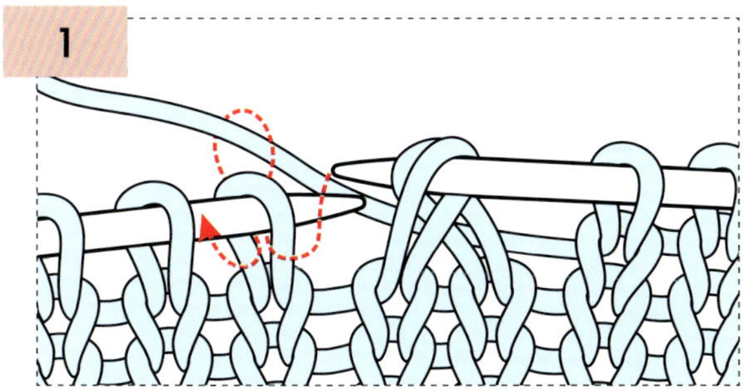

Als würdest du die kommenden zwei Maschen rechts zusammenstricken wollen, führe die rechte Nadel von links nach rechts in die Maschen ein, hebe sie aber, ohne sie zu stricken, einfach ab. Stricke die nächste Masche rechts ab.

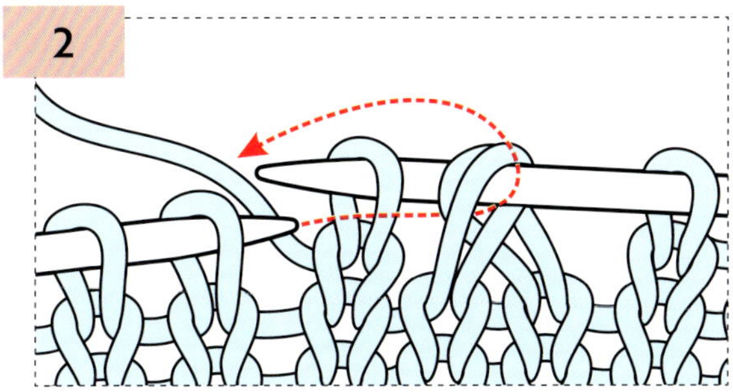

Hebe nun die beiden zuvor abgehobenen Maschen über die gestrickte Masche.

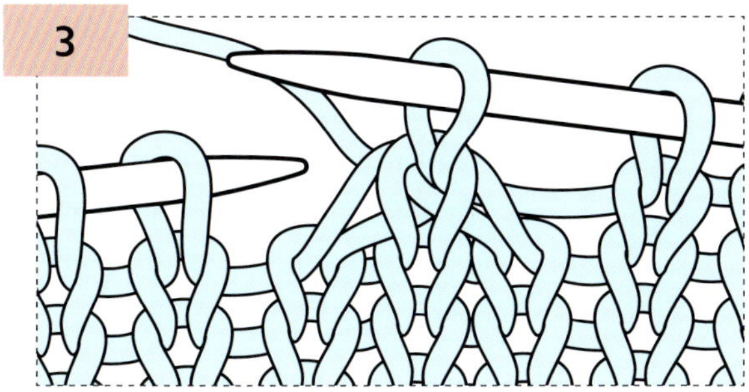

So sieht die fertig gestrickte Masche aus.

ZÖPFE STRICKEN

Zopfmuster entstehen durch das gruppierte Verkreuzen von Maschen. Sobald mehr als zwei Maschen miteinander verkreuzt werden, kommt die Zopfnadel (auch Hilfsnadel) zum Einsatz. Als Beispiel siehst du auf dieser Seite die Verzopfung von drei Maschen über die darauffolgenden fünf Maschen. Die Arbeitsanweisung in einer Anleitung würde folgendermaßen lauten: 3 Maschen auf einer Hilfsnadel vor die Arbeit legen, 3 Maschen rechts, 2 Maschen links, dann die 3 Maschen der Hilfsnadel rechts stricken.

In der Strickanleitung wird stets angegeben …

… wie viele Maschen auf der Zopfnadel zu platzieren sind,

… ob die Maschen auf der Zopfnadel hinter oder vor die Arbeit gelegt werden,

… wie viele der folgenden Maschen zu stricken sind,

… ob diese rechts oder links gestrickt werden,

… wie (ob rechts oder links) die Maschen von der Zopfnadel wieder abgestrickt werden.

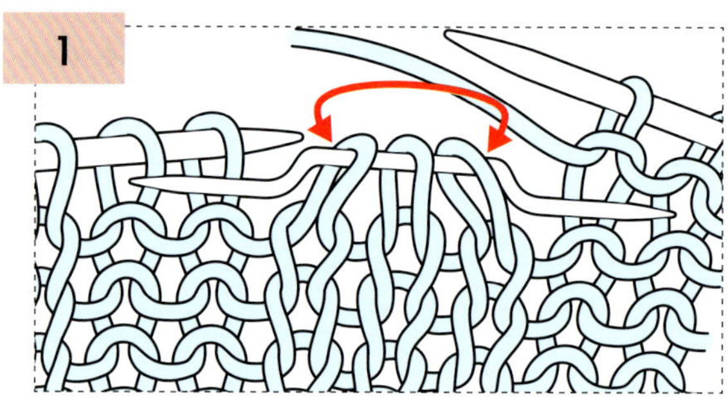

Drei Maschen auf einer Zopf- oder Hilfsnadel vor die Arbeit legen.

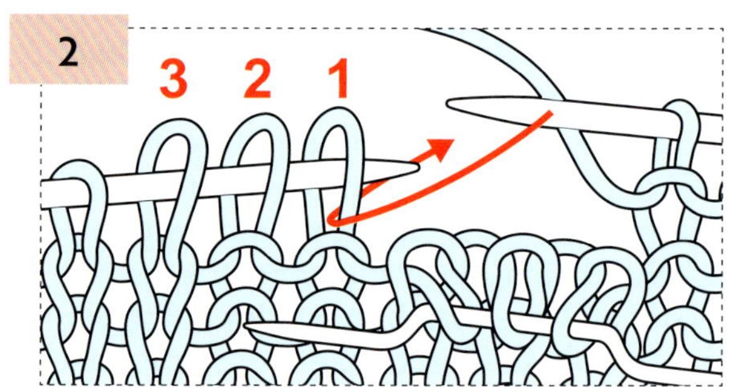

Die folgenden drei Maschen rechts stricken und die Hilfsnadel vor der Arbeit ruhen lassen.

3

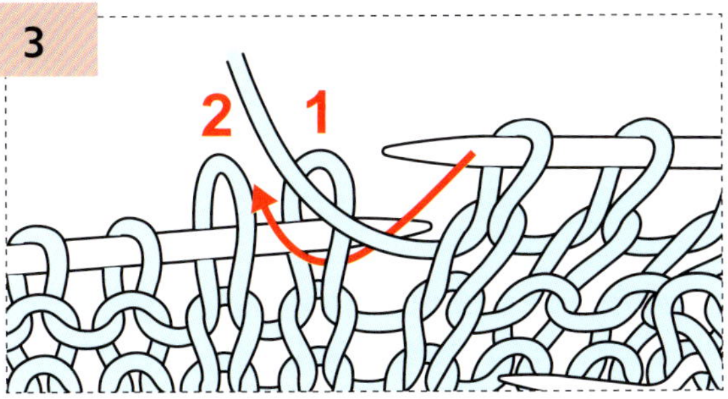

Dann die nächsten zwei Maschen links stricken …

4

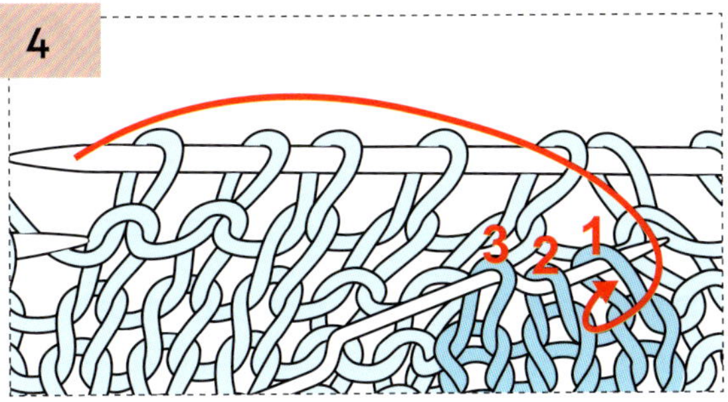

… und schließlich die Maschen der Hilfsnadel rechts stricken. Falls es dir einfacher erscheint, kannst du die Maschen dazu auch zunächst auf der linken Nadel platzieren.

5

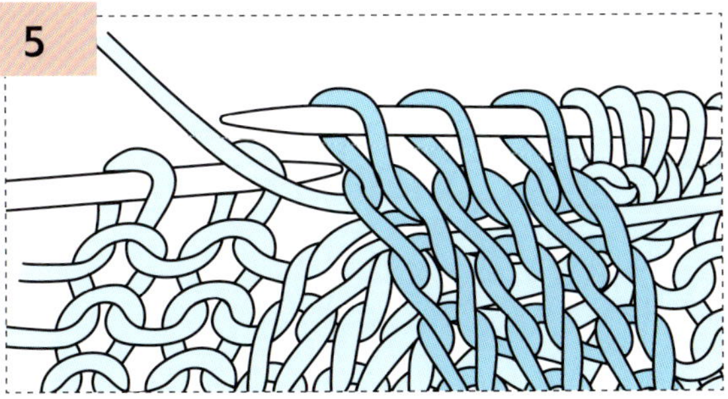

Im Muster weiterstricken, wie in der Anleitung angegeben.

Italienisch abketten

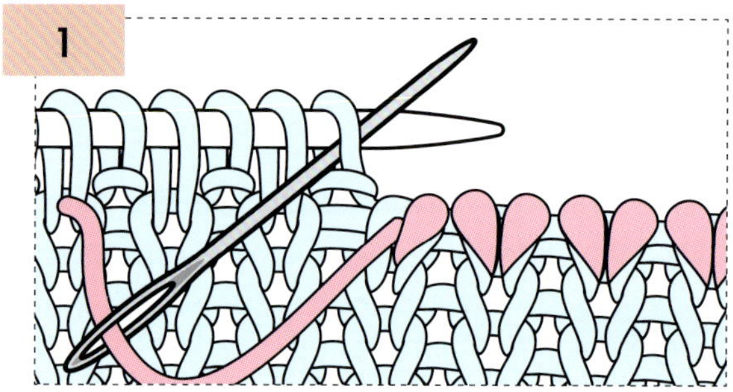

Ziehe den in eine Wollnadel eingefädelten Faden von links nach rechts durch die linke Masche.

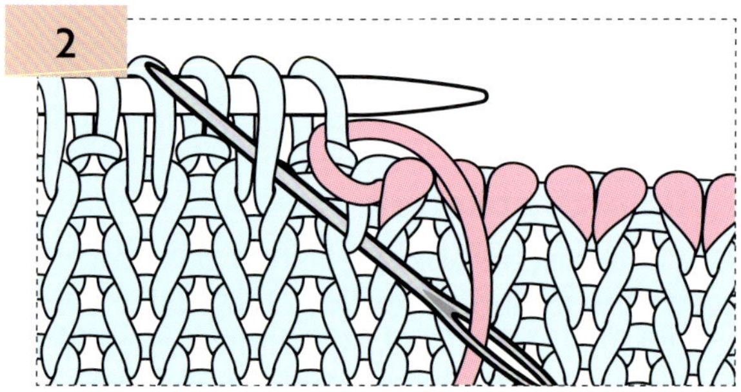

Stich die Wollnadel von rechts nach links durch die folgende Masche.

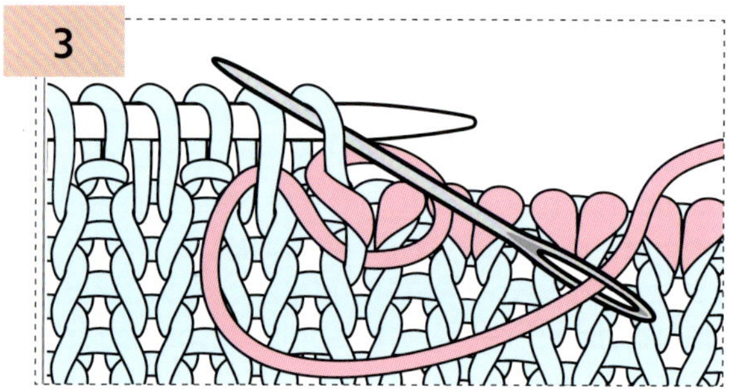

Ziehe den Faden von rechts nach links noch einmal durch die erste linke Masche. Lass dann die beiden bearbeiteten Maschen von der linken Nadel gleiten.

Wiederhole die Schritte aus 1 und 2 bis zum Ende. Dieser Trick hilft dir, lockerer abzuketten.

Maschen an einer Seitenkante aufnehmen

Werden Maschen aus einer Seitenkante eines Strickstücks aufgefasst, ist die zuvor erwähnte Besonderheit zu beachten: Gestrickte Maschen sind meistens breiter als hoch.

Wird aus jeder gestrickten Reihe eine Masche aufgenommen, wird die angestrickte Reihe zu breit. Es entstünde eine Rüsche. Für das Anstricken von Blenden ist es empfehlenswert, zuvor einen Nahtrand zu stricken. Er ergibt für jede Reihe eine feste Masche, aus der gut herausgestrickt werden kann.

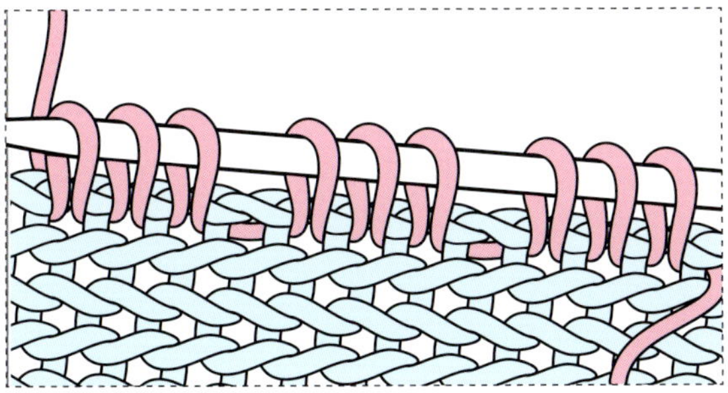

TIPP: Möchtest du in einer Kontrastfarbe weiterstricken, fass die Maschen zunächst in der Randmaschenfarbe auf und stricke erst die nächste Reihe in der Kontrastfarbe. Der Übergang wird so schöner und unauffälliger.

HINWEIS: Das Verhältnis von Maschen zu Reihen ist bei kraus gestrickten Strickstücken etwa 1:2, bei glatt gestrickten Strickstücken etwa 3:4. Das exakte Verhältnis kann anhand der Maschenprobe bestimmt werden.

RICHTIG MASS NEHMEN

Stricker:innen investieren besonders viel Zeit in handgemachte Kleidungsstücke. Es ist daher unbedingt empfehlenswert, von Zeit zu Zeit die eigenen Körpermaße neu zu ermitteln, um sicherzustellen, dass die neuen Pullover, Strickjacken etc. am Ende auch wirklich passen.

Auch wenn du ausschließlich nach Anleitungen strickst, sollest du dir immer wieder ins Gedächtnis rufen, dass es keine standardisierte Maßtabelle gibt, an der man sich orientieren könnte. Je nach Designer:in kann die verwendete Maßtabelle variieren. Es ist also durchaus denkbar, dass du die Anleitungen der einen Designerin stets in Größe M stricken, wohingegen du beim nächsten Designer unbedingt die Größe L wählen musst, um dich im fertigen Stück auch wohlzufühlen. Hinzu kommt, dass du Angaben zu Bequemlichkeitszugaben nur dann beurteilen kannst, wenn du deine eigenen Maße sowie die Maße deiner Lieblingsstücke im Kleiderschrank kennst.

Die von dir favorisierte Größe musst du keineswegs durch Teststricken von Kleidungsstücken ausprobieren, sondern du kannst sie ganz einfach ermitteln, indem du deine eigenen Maße mit denen in der Anleitung vergleichst. Es genügen häufig ein oder zwei Maße, bevor du mit dem Stricken loslegen kannst.

So ermittelst du deine eigenen Körpermaße

Kopfumfang (1): Gemessen horizontal und über den Ohren um die stärkste Stelle des Kopfs.

Halsweite (2): Umfang des Halses an der kräftigsten Stelle.

Oberweite/Brustumfang (3): Maximaler Umfang der stärksten Stelle der Brust, gemessen unter den Armen hindurch. Dies ist das wichtigste Maß für Kleidungsstücke.

Taille (4): Schmalste Stelle der Taille. Dieses Maß ist für taillierte Kleidungsstücke wichtig.

Hüftumfang (5): Maximaler Umfang um die stärkste Stelle der Hüfte.

Armlochtiefe (6): Gemessen vom 7. Halswirbel bis zur horizontalen Linie der Achsel.

Brusttiefe (7): Vom inneren Schulterpunkt zum Brustpunkt gemessen.

Oberkörperlänge vorn (8): Vom inneren Schulterpunkt über die Brust zur Taillen-Linie gemessen.

Unterleibslänge (9): Höhe des Unterleibs, Abstand von Taille zur Hüfte. Für taillierte Kleidungsstücke und Kleider relevant.

Schulterbreite (10): Gemessen von Armkugel zu Armkugel.

Rückenlänge (11): Vom obersten Halswirbel bis zur Taille am Rücken gemessen.

Oberarmweite auf Bizepshöhe (12): Umfang des Oberarms unterhalb der Achselhöhle um die stärkste Stelle des Arms. Den Arm beim Messen locker hängen lassen.

Handgelenkweite (13): Schmalste Stelle ums Handgelenk.

Ärmellänge (14): Länge der Außenkante des Arms, gemessen über den angewinkelten Ellenbogen zum Handgelenk.

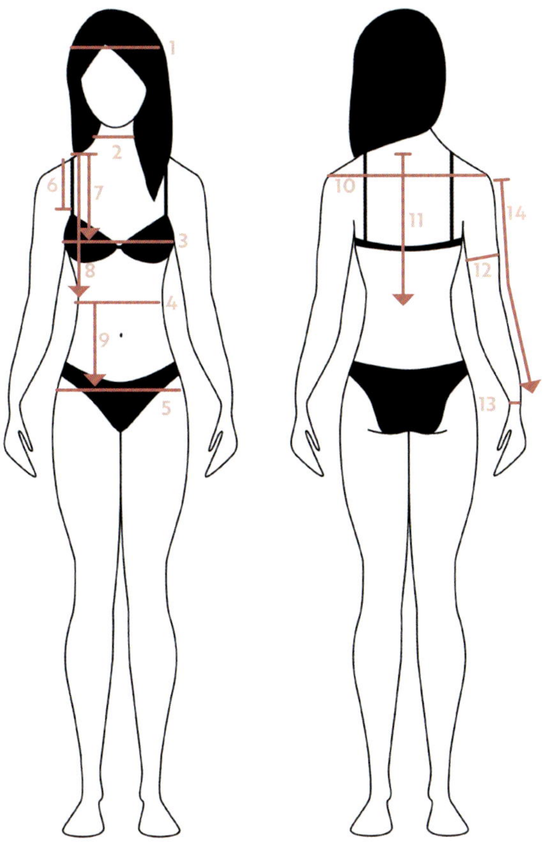

Carina
Größe: 165 cm
Konfektionsgröße: 36–38
Brust: 90 cm
Taille: 67 cm
Hüftumfang: 95 cm

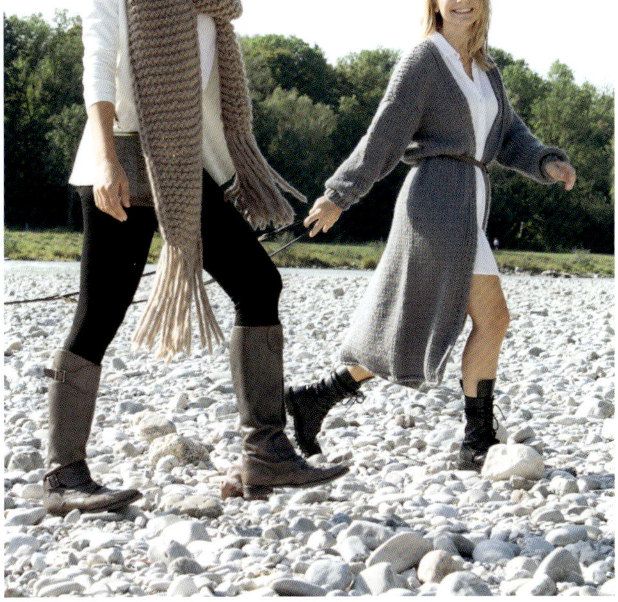

Romana
Größe: 175 cm
Konfektionsgröße: 36–38
Brust: 89 cm
Taille: 65 cm
Hüftumfang: 94 cm

ABKÜRZUNGEN/LEGENDEN

Abkürzungsverzeichnis

abh: abheben
angeh: abgehoben
abk: abketten
abn: abnehmen
DM: Doppelmasche (Patentmuster)
gen: geneigt
M: Masche(n)
MM: Maschenmarkierer
Nd: Nadel
QF: Querfaden
R: Reihe(n)
Rd: Runde(n)
RM: Randmasche
str: stricke(n)
U: Umschlag
verschr: verschränkt
VRM: Verkürzte-Reihe-Masche
wdh: wiederholen
zun: zunehmen/Zunahme(n)
zus: zusammen

Schwierigkeiten

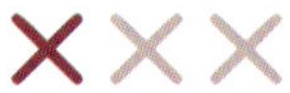 einfach

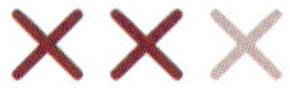 braucht etwas Übung

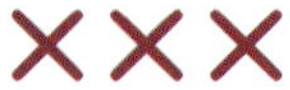 für erfahrene Stricker:innen

Legende zu den Strickschriften

 = rechte Masche

 = linke Masche

 = Umschlag

 = 3 Maschen rechts zusammenstricken

 = linksgerichtete Zunahme aus dem Querfaden

 = rechtsgerichtete Zunahme aus dem Querfaden

 = 2 Maschen überzogen zusammenstricken (= 1 Masche abheben, 1 Masche rechts stricken, dann die abgehobene Masche über die gestrickte ziehen)

 = 2 Maschen rechts zusammenstricken

Hinweis zu den Strickschriften

Die Strickschriften werden jeweils von unten nach oben gelesen. Dabei die Hinreihen von rechts nach links und die Rückreihen von links nach rechts lesen. Runden werden stets von rechts nach links gelesen. Sind Hin- und Rückreihen gezeichnet, so sind die Maschen so angegeben, wie sie auf der Vorderseite der Arbeit erscheinen. Eine rechte Masche wird also in der Rückreihe links gestrickt und eine linke Masche rechts.

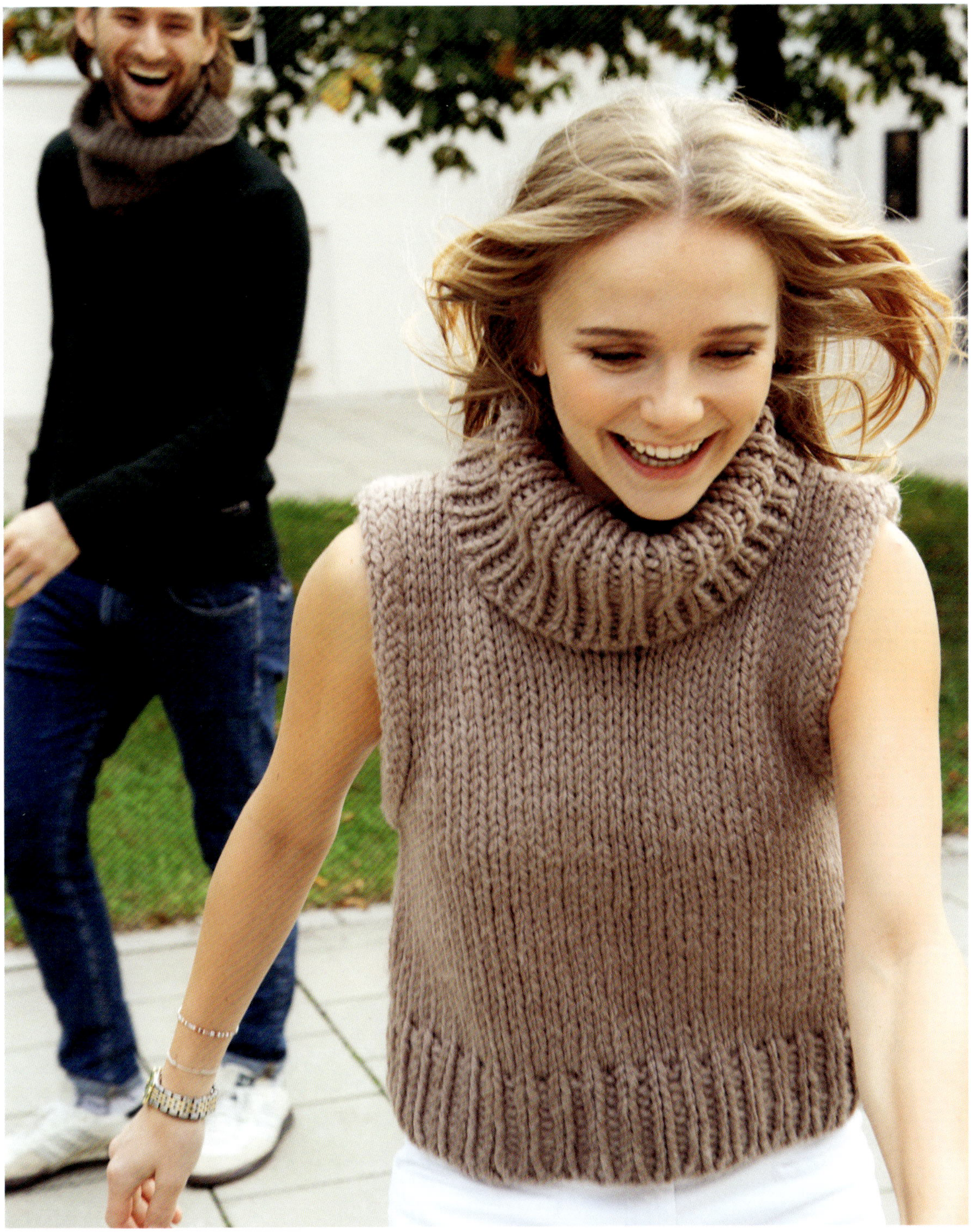

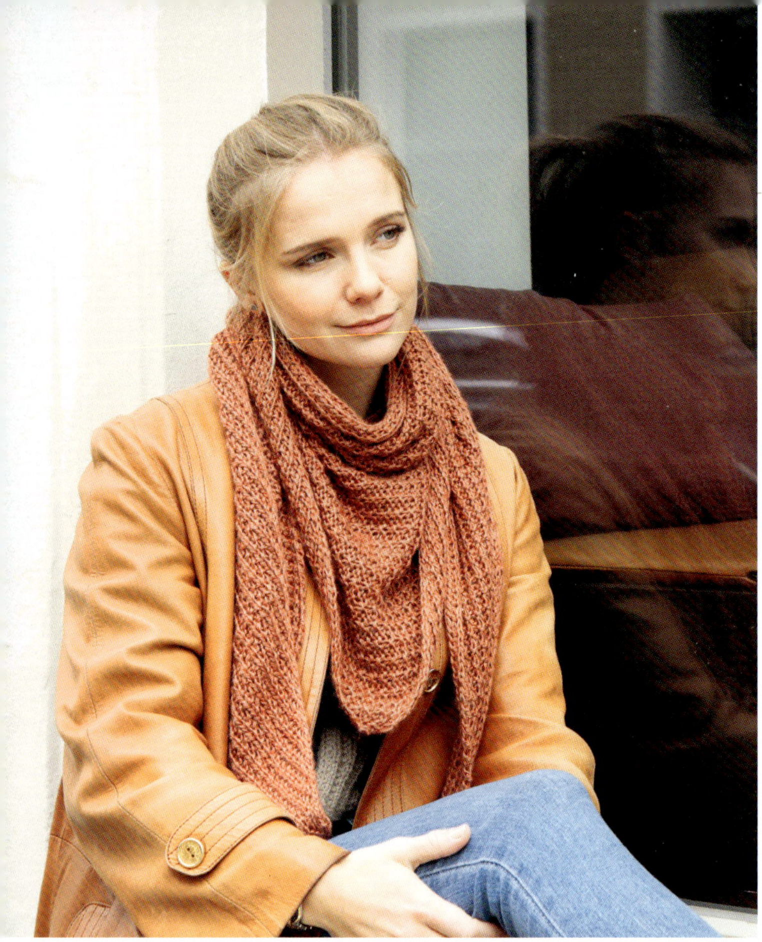

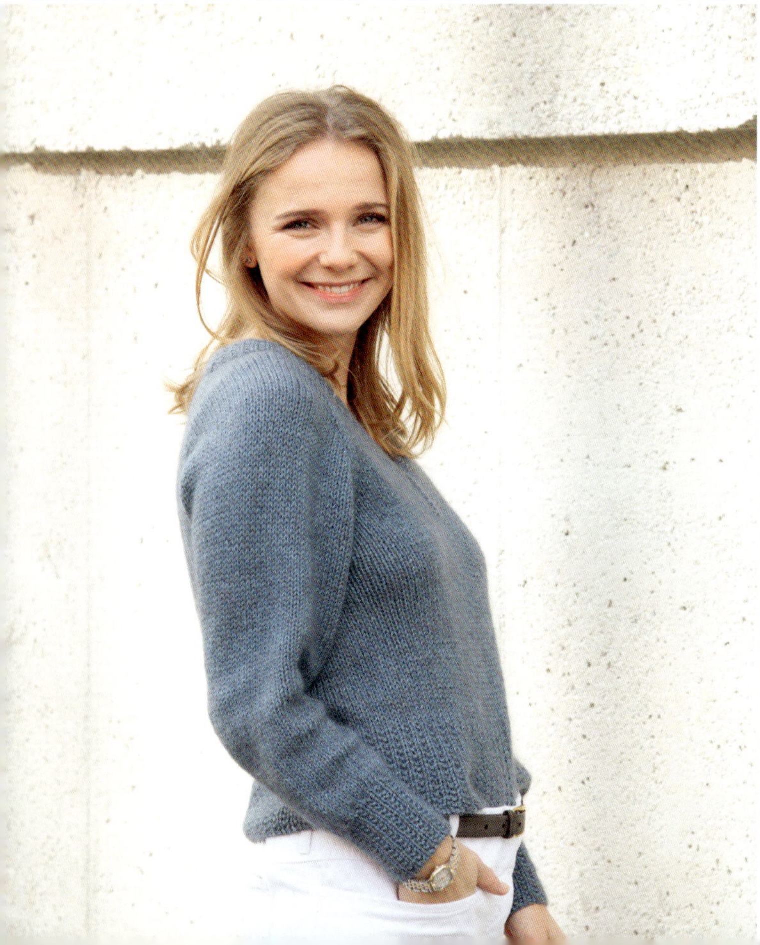

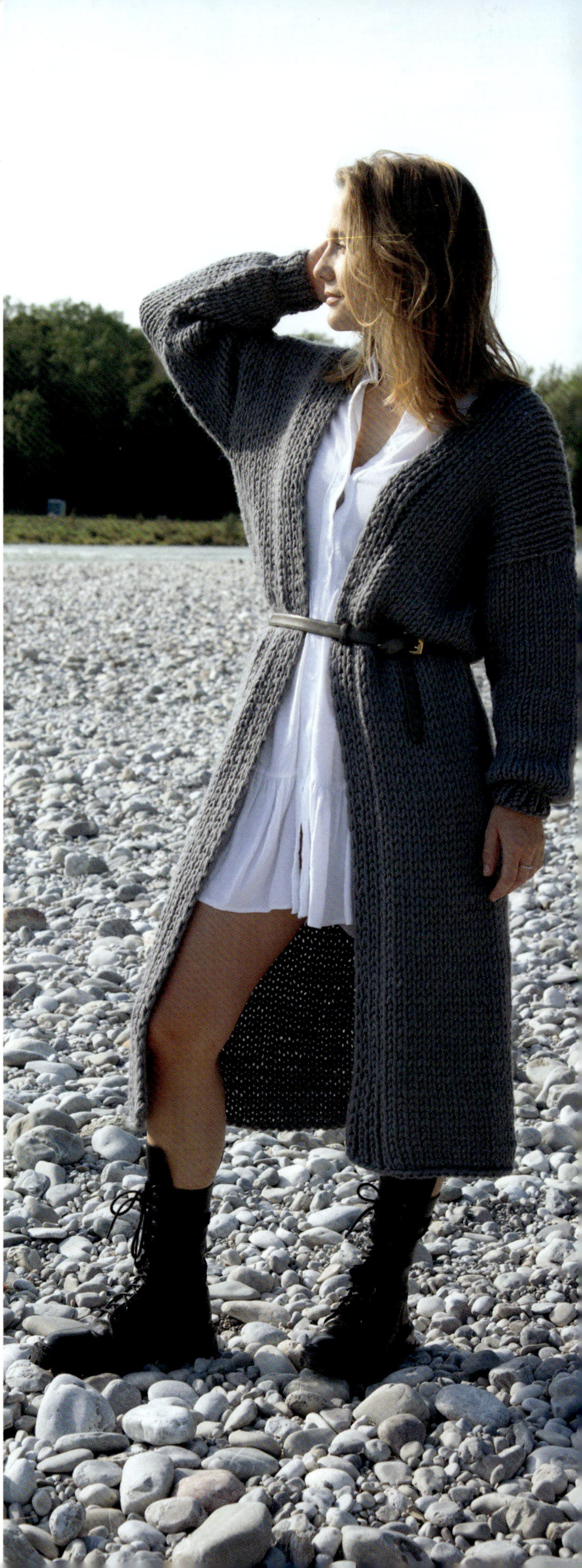

–01–

FRÜHLING

Diese Modelle lassen sich wunderbar mit leichteren Blusen und Kleidern kombinieren. Sie wärmen dich, wenn die ersten Frühlingsboten schon eine sonnigere Zeit einläuten, aber es oft noch zu frisch ist, die geliebten Sommerteile allein zu tragen.

XXX

SMART SWEATER

– PULLOVER MIT V-AUSSCHNITT –

GRÖSSE

XS, S, M, L, XL

HINWEIS: *Die Angaben für die einzelnen Größen stehen von der kleinsten bis zur größten Größe (XS–XL) hintereinander, jeweils durch Schrägstriche getrennt. Steht nur eine Angabe, gilt diese für alle Größen.*

Brustumfang:
80/88/98/108/118 cm

Ärmelbreite:
17/19/21/22,5/24 cm

Sitz:
Slim Fit mit lockeren Ärmeln

MATERIAL

- × Sandnes Garn Duo (55% Wolle, 45% Baumwolle, LL 124 m/50 g) in Petrol (Fb 6553), 300/300/350/400/450 g
- × zusammen mit: Sandnes Garn Tynn Silk Mohair (57% Mohair, 28% Seide, 15% Wolle, LL 212 m/25 g) in Stahlgrau (Fb 6707), 75/75/100/100/125 g
- × Rundstricknadeln 4,0 mm und 5,0 mm (je 80 cm), alternativ Nadelspiel für die Ärmel anstatt Magic-Loop-Methode
- × Vernähnadel

GRUNDMUSTER

Glatt rechts in Rd:
Stets rechte M str.

Bündchenmuster in Rd:
1. Rd: Alle M rechts str.
2. Rd: 1 M rechts, 1 M links im Wechsel str.

Randmasche in R:
Erste und letzte M rechts str.

Maschenprobe
Glatt rechts mit Nd 5,0 mm doppelfädig:
16 M und 23 R = 10 cm x 10 cm

HINWEIS: *Es wird doppelfädig gestrickt. Die Garnmenge bezieht sich auf die jeweilige Gesamtmenge.*

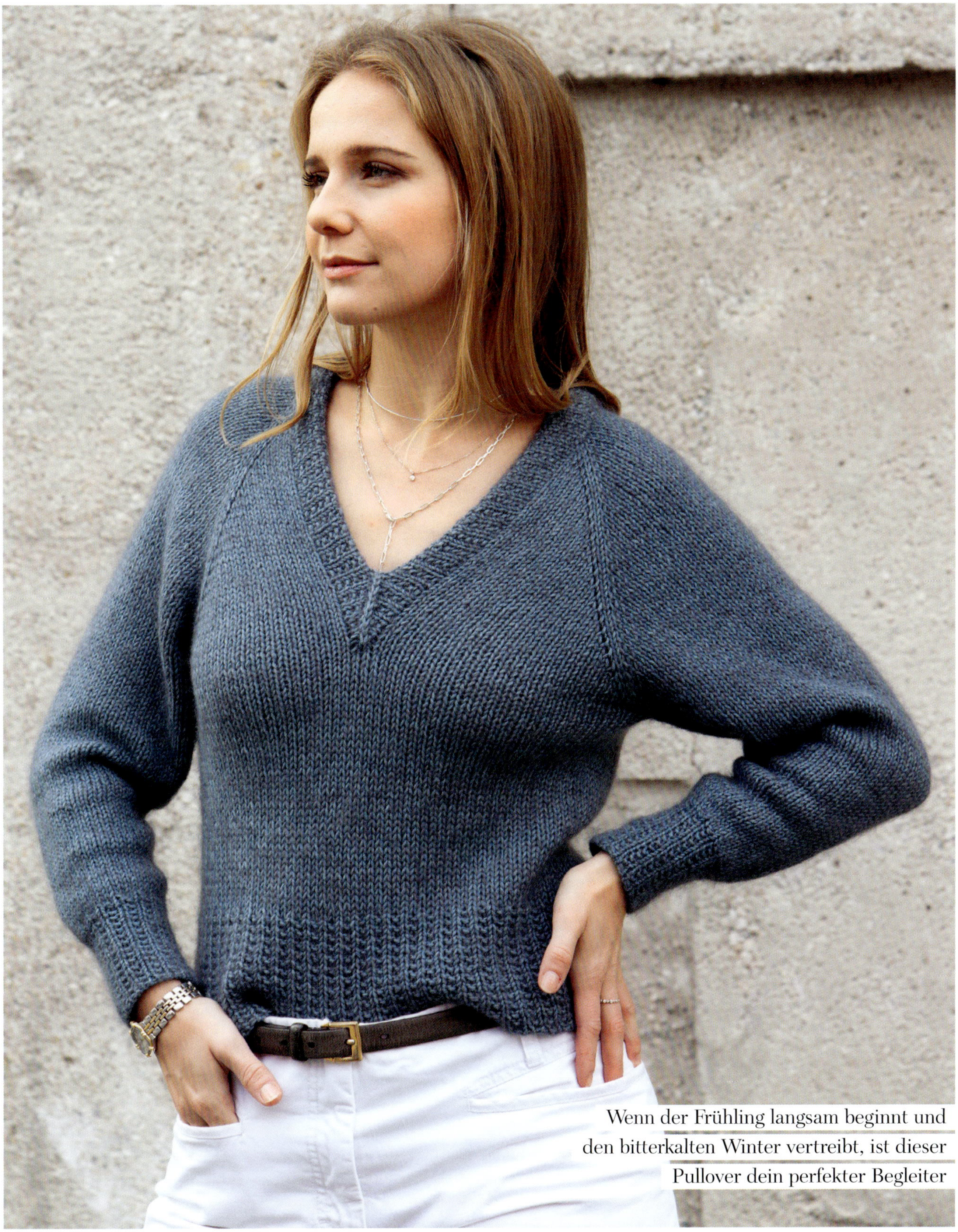

Wenn der Frühling langsam beginnt und den bitterkalten Winter vertreibt, ist dieser Pullover dein perfekter Begleiter

ANLEITUNG

Der Pullover wird doppelfädig von oben nach unten gestr. Die Raglan-Zunahmen erfolgen in R, anschließend werden Ärmel und Körper in Rd gestr. Zum Schluss werden die M für die Blende entlang des V-Ausschnitts aufgenommen, in Rd gestr und an der Innenseite vernäht.

HINWEIS: *Die Raglan-Zun erfolgen in der Hin-R (rechte M) und es werden in jeder Zun-R bei 4 Raglanschrägen je 2 Zun = 8 Zun gestrickt.*

Körper:

Mit der Rundstrick-Nd 5,0 mm 44/62/78/90/104 M anschl.

1. R: Alle M rechts str.

2. R: RM, alle M links str, RM.

3. R: RM, 0/0/2/4/6 M rechts, * 1 M rechts-gen aus QF zun, MM setzen, 2 M rechts, 1 M links-gen aus QF zun, 7/12/14/15/16 Ärmel-M rechts, 1 M rechts-gen aus QF zun, MM setzen, 2 M rechts, 1 M links-gen aus QF zun *, 20/28/36/42/50 Rückteil-M rechts, von * bis * wdh, 0/0/2/4/6 M rechts, RM. (= 52/70/86/98/112 M)

4. R: Wie die 2. R str.

5. R: RM, alle M rechts bis MM, * 1 M rechts-gen aus QF zun, MM abh, 2 M rechts, 1 M links-gen aus QF zun, alle M rechts bis MM, 1 M rechts-gen aus QF zun, MM abh, 2 M rechts, 1 M links-gen aus QF zun *, alle M rechts bis MM, von * bis * wdh, RM. (= 60/78/94/106/120 M)

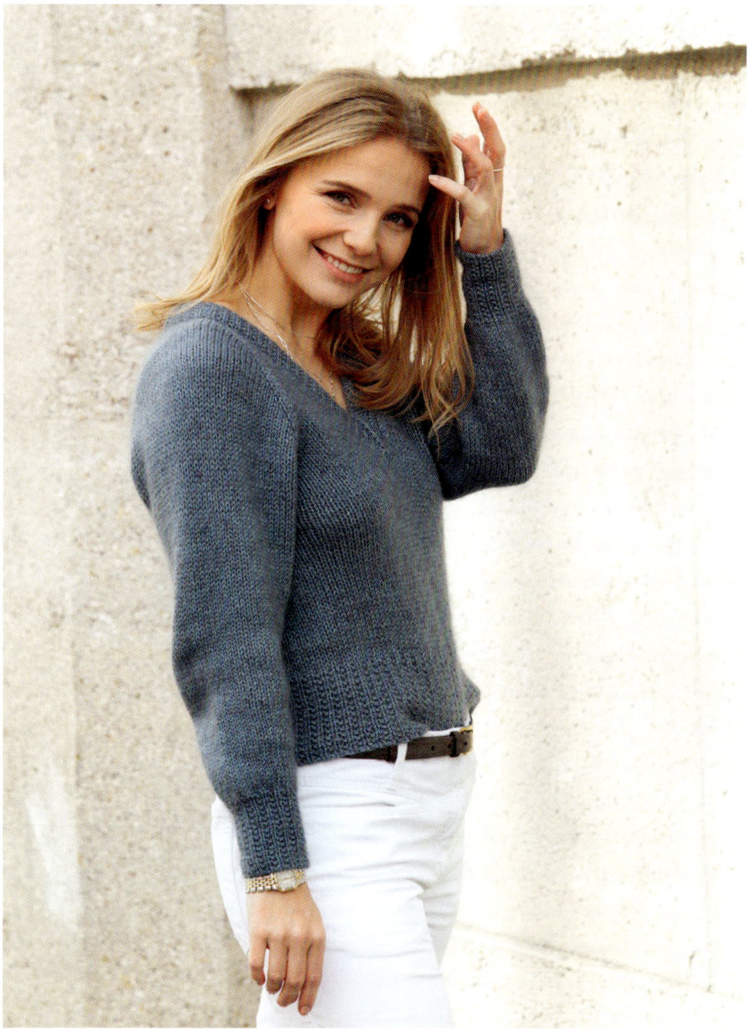

6. R: Wie die 2. R str.

Die 5.–6. R insgesamt 22/23/24/25/26x str, wobei du inklusive der Aufbau-R 23/24/25/26/27 Zun-R gestr hast. Nun solltest du je 24/25/28/31/34 M Vorderteil inklusive RM, je 53/60/64/67/70 M Ärmel, 66/76/86/94/104 M Rückteil und 8 M Raglan auf der Nadel zählen, gesamt = 228/254/278/298/320 M.

Str 2 R alle M rechts. Von Beginn hast du insgesamt 52/54/56/58/60 R gestr und dein Strickstück sollte nun ca. 21/22/23/23,5/24,5cm betragen.

Die Vorderteile und das Rückteil werden zur Rd geschlossen, wobei zwischen Vorder- und Rückteil neue M angeschlagen werden, um unschöne Löcher unter dem Arm zu vermeiden. Gleichzeitig werden die Ärmel-M stillgelegt und die Raglan-M auf Vorder- und Rückteil aufgeteilt.

Das geschieht wie folgt: Str Vorderteil-M rechts bis MM, MM entfernen, * 2 M rechts, Ärmel-M bis MM abh und stilllegen, MM entfernen, 3/4/4/5/4 M anschl, 2 M rechts *, Rückteil-M rechts bis MM, von * bis * wdh, Vorderteil-M rechts. Die Arbeit zur Rd schließen und den Rd-Beginn (vorne Mitte) mit einem MM kennzeichnen. (= 128/142/158/174/188 M)

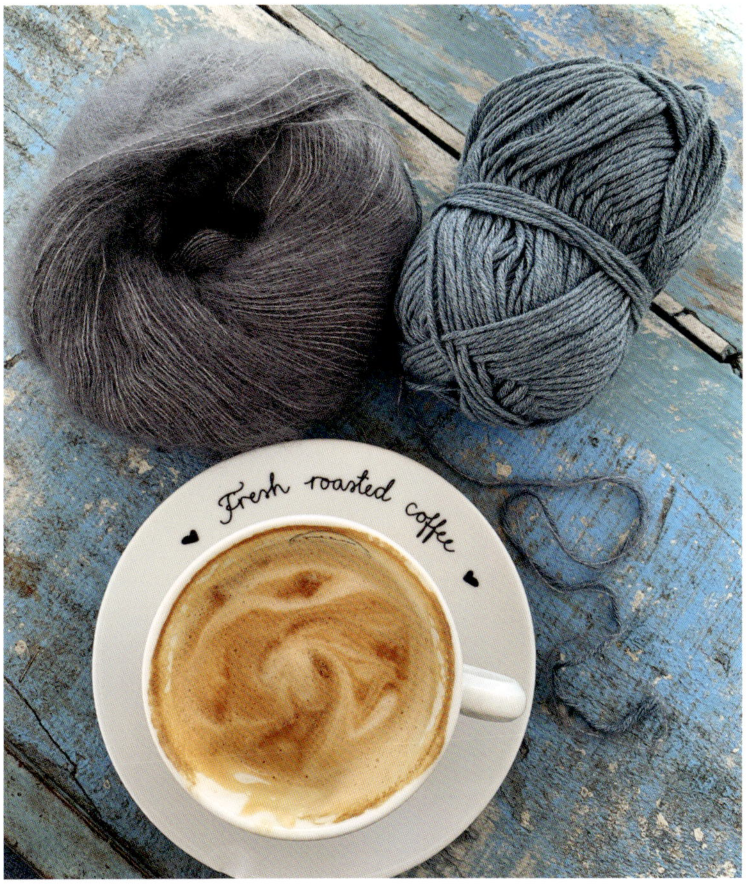

Glatt rechts in Rd str bis der Körper unterm Arm ca. 17/18/20/22/24cm misst.

HINWEIS: *Probiere den Pullover zwischendurch an. Körper- und Ärmellänge sind nach deinen Bedürfnissen anpassbar, aber bedenke, dass durch Waschen und Spannen der Pullover in der Regel ein paar Zentimeter (2–4cm) länger und teilweise auch etwas breiter wird.*

Bündchen:

Nun zur Rundstrick-Nd 4,0mm wechseln und 27 R/10cm im Bündchenmuster str. Alle M elastisch/italienisch abk.

Ärmel:

Die stillgelegten 53/60/64/67/70 Ärmel-M auf das Nd-Spiel 5,0 mm nehmen und 3/4/4/5/4 M unter dem Arm aufnehmen. Die Arbeit zur Rd schließen und den Rd-Beginn mit einem MM kennzeichnen. (= 56/64/68/72/74 M)

1.–6. Rd: Alle M rechts str.
7. Rd: 1 M rechts, 2 M zusstr, alle M rechts bis 3 M vor MM, 2 M rechts verschr zusstr, 1 M rechts. (= 53/61/65/69/72 M)
8.–11.Rd: Alle M rechts str.

Die 7.–11. Rd insgesamt 13/14/15/16/16 x str bis 30/36/38/40/42 M vorhanden sind und der Ärmel ca. 31/33/35/37/37 cm ab unter dem Arm misst.

Bündchen:

Nun zur Rundstrick-Nd 4,0 mm wechseln.

Str 27 R/10 cm im Bündchenmuster. Alle M elastisch/italienisch abk.

Blende:

Es werden mit Rundstrick-Nd 4,0 mm insgesamt 108/130/146/158/172 M aus dem V-Ausschnitt aufgenommen. Platziere den Pullover mit V-Ausschnitt nach oben. Starte an der Raglan-Schräge rechts am Rückteil und nimm die Maschen wie folgt auf: 2 M aus Raglan-Schräge, 20/28/36/42/50 M aus Rückteil, 2 Raglan-M, 7/12/14/15/16 M aus Ärmel, 2 Raglan-M, 32/34/36/38/40 M gleichverteilt aus den RM des linken Vorderteils, 1 M aus der Mitte des V-Ausschnitts (in diese M einen MM einhängen), 33/35/37/39/41 M gleichverteilt aus den RM des rechten Vorderteils, 2 Raglan-M und 7/12/14/15/16 M aus Ärmel. Die Arbeit zur Rd schließen und den Rd-Beginn mit einem MM kennzeichnen. Der MM in der Mitte des V-Ausschnitts bleibt in der M eingehängt und wird beim str nicht abgeh.

1. Rd: * 1 M rechts, 1 M links *, von * bis * wdh bis 1 M vor MM, doppelt überzogene Abn, 1 M links, von * bis * wdh bis Rd-Ende. (= 106/128/144/156/170 M)
2. Rd: Alle M rechts bis 1 M vor MM, doppelt überzogene Abn, alle M rechts. (=104/126/142/154/168 M)

Die 1.–2. Rd insgesamt 5 x str. Damit wurden 10 x 2 Abn gestr und es sind 88/110/126/138/152 M vorhanden.

11. Rd: * 1 M links, 1 M rechts *, von * bis * wdh bis 1 M vor MM, 1 M links, 2 Zun aus 1 M str/3 M aus 1 M str, * 1 M links, 1 M rechts * wdh bis Rd-Ende. (= 90/112/128/140/154 M)
12. Rd: alle M rechts bis MM, 2 Zun aus 1 M str, alle M rechts. (=91/114/130/142/156 M)

Die 1.–2. Rd insgesamt 4 x str. Damit wurden 8 x 2 Zun gestr und es sind 104/126/142/154/168 M vorhanden.

Alle M locker abk. Schneide das Garn mit einer Restlänge von 2 m ab.

Wende nun den Pullover auf links und klappe die Blende um, sodass du sie auf der Innenseite mit dem Überwendlingsstich locker annähen kannst.

TIPP: Fixiere die Blende zuvor mit ein paar Stecknadeln.

Fertigstellung:

Alle Fäden sauber vernähen. Den Pullover auf links blocken.

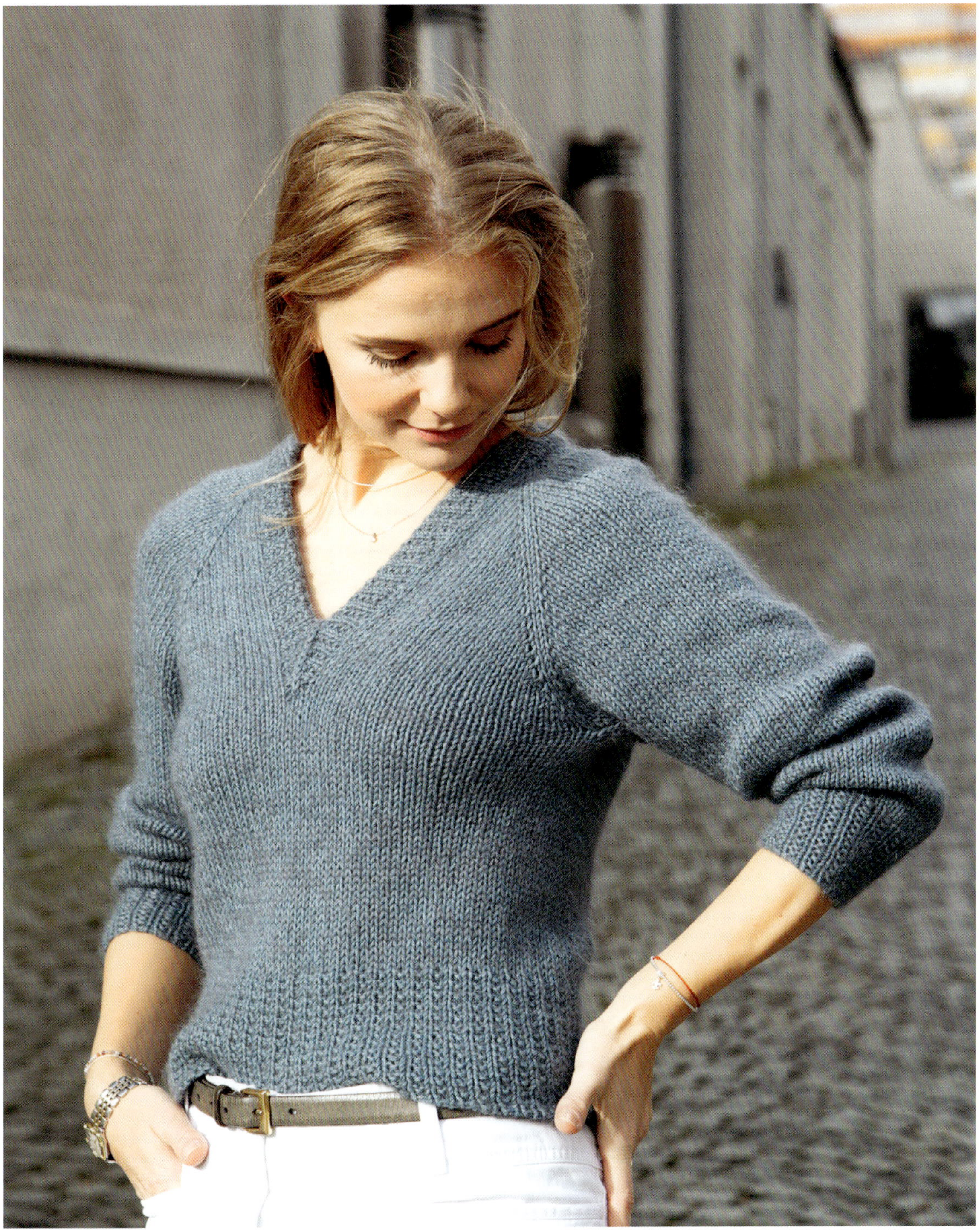

×××

SUMMER NIGHT SHAWL

– TUCH MIT PERL-RIPPENMUSTER –

GRÖSSE

Länge: 185 cm, **Breite:** 55 cm (gespannt)

HINWEIS: *Maße ungespannt: Länge: 155 cm, Breite: 45 cm*

MATERIAL

- Lace Seta Mulberry (35 % Seide, 35 % Alpaka (Baby), 30 % Schurwolle (Merino), LL 175 m/50 g) in Terracotta (Fb 011), 200 g

HINWEIS: *Das Tuch wird doppelfädig gestrickt. Die Garnmenge bezieht sich auf die insgesamt benötigte Menge.*

- Rundstricknadeln 6,0 mm (je 80 cm),
- Vernähnadel

GRUNDMUSTER

Perl-Rippenmuster:
1. R: Alle M rechts.
2. R: * 1 M rechts, 1 M links im Wechsel stricken.

Zunahme:
1 M links geneigt aus QF zun.

Abnahme:
2 M links geneigt zusstr, d. h. durch das hintere M-Glied von 2 M stechen und gemeinsam abstr.

Randmaschen:
Erste M wie zum Linksstricken abheben, halte den Arbeitsfaden dabei hinter der Arbeit, die letzte M links str.

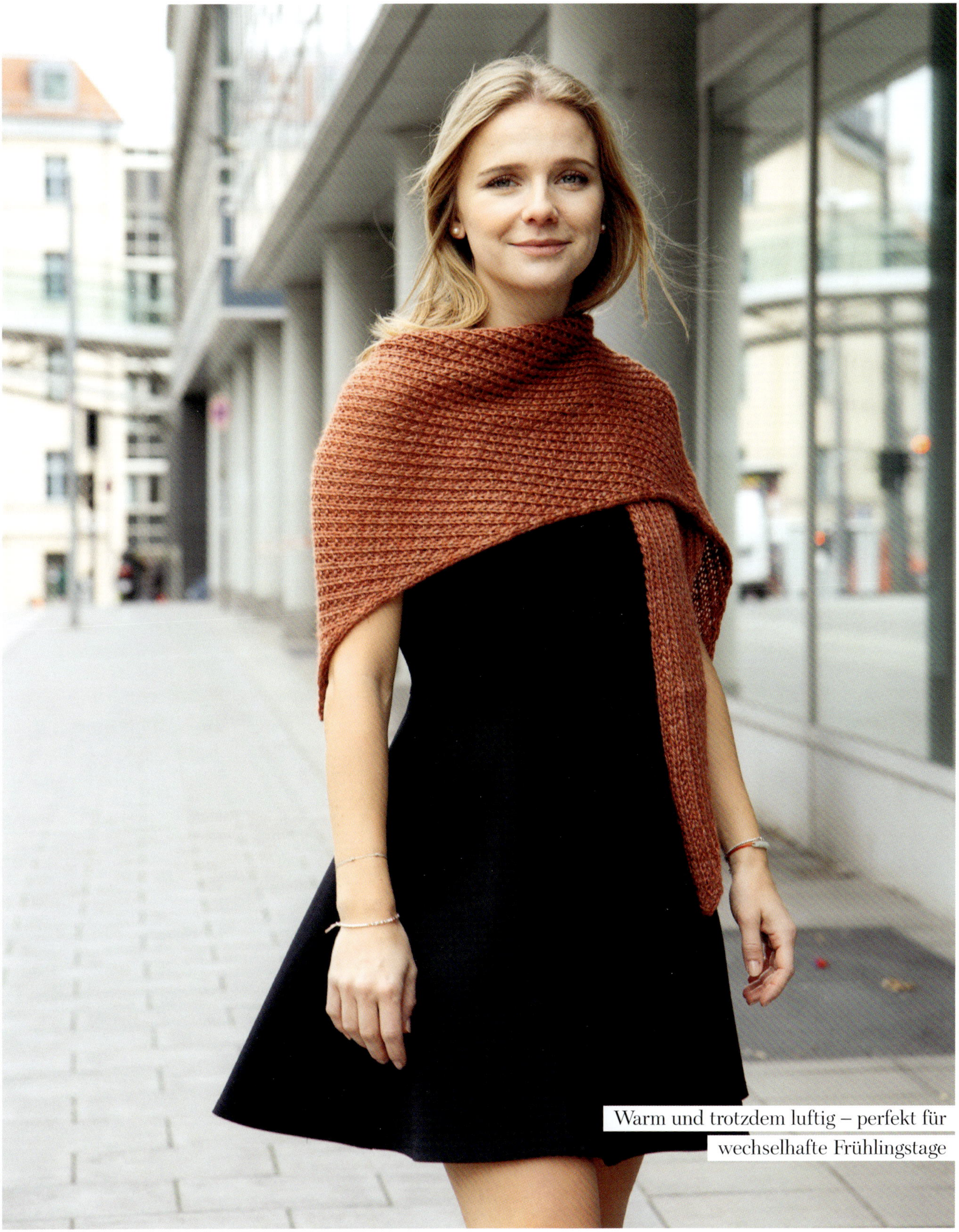

Warm und trotzdem luftig – perfekt für wechselhafte Frühlingstage

HINWEIS: In den Rückreihen mit ungerader Maschenanzahl ergibt sich automatisch durch das 1/1-Rippenmuster, dass die letzte M eine linke M ist und daher wird keine zusätzliche RM verlangt.

Maschenprobe

Grundmuster Nd 6,0 mm:
16 M und 20 R =
10 cm x 10 cm

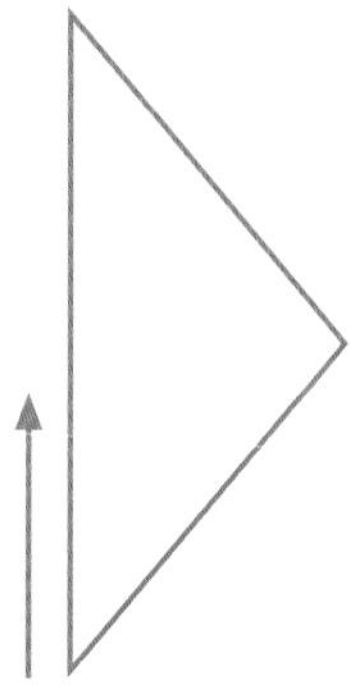

ANLEITUNG

Das Dreickstuch wird von einem Ende zum anderen gestr, an der rechten Kante werden Zunahmen gestrickt bis die Hälfte der Wolle aufgebraucht ist. Damit ist die maximale Breite des Tuchs erreicht, anschließend werden an der rechten Kante Abnahmen gestr. (siehe Skizze)

Mit Strick-Nd 6,0 mm 7 M anschl.

1. R: 6 M rechts, 1 M links str.
2. R: RM, * 1 M rechts, 1 M links *, von * bis * wdh bis R-Ende.
3. R: RM, 5 M rechts str, RM.
4. R: Wie die 2. R str.

Zunahmen:

5. R: RM, 1 M rechts, 1 Zun, alle M rechts str bis 1 M vor R-Ende, RM. (= 8 M)
6. R: RM, * 1 M rechts, 1 M links *, von * bis * wdh bis 1 M vor R-Ende, RM.
7. R: Wie die 5. R str. (= 9 M)
8. R: RM, * 1 M rechts, 1 M links *, von * bis * wdh bis R-Ende.

Wdh 5.–8. R bis die Hälfte der Garnmenge aufgebraucht ist, das Strickstück misst jetzt ca. 75 cm in der Länge und an der breitesten Stelle ca. 45 cm. (= 81 M)

Abnahmen:

1. R: RM, 1 M rechts, 1 Abn, alle M rechts str bis 1 M vor R-Ende, RM (= 80 M)
2. R: RM, * 1 M rechts, 1 M links *, von * bis * wdh bis 1 M vor R-Ende, RM.
3. R: Wie die 1. R str. (= 79 M)
4. R: RM, * 1 M rechts, 1 M links *, von * bis * wdh bis R-Ende.

Wdh 1.–4. R bis 7 M übrig sind.

Str 4 R im Grundmuster. Alle M abk.

Fertigstellung:

Alle Fäden sauber vernähen. Das Tuch waschen und spannen. (siehe S. 18)

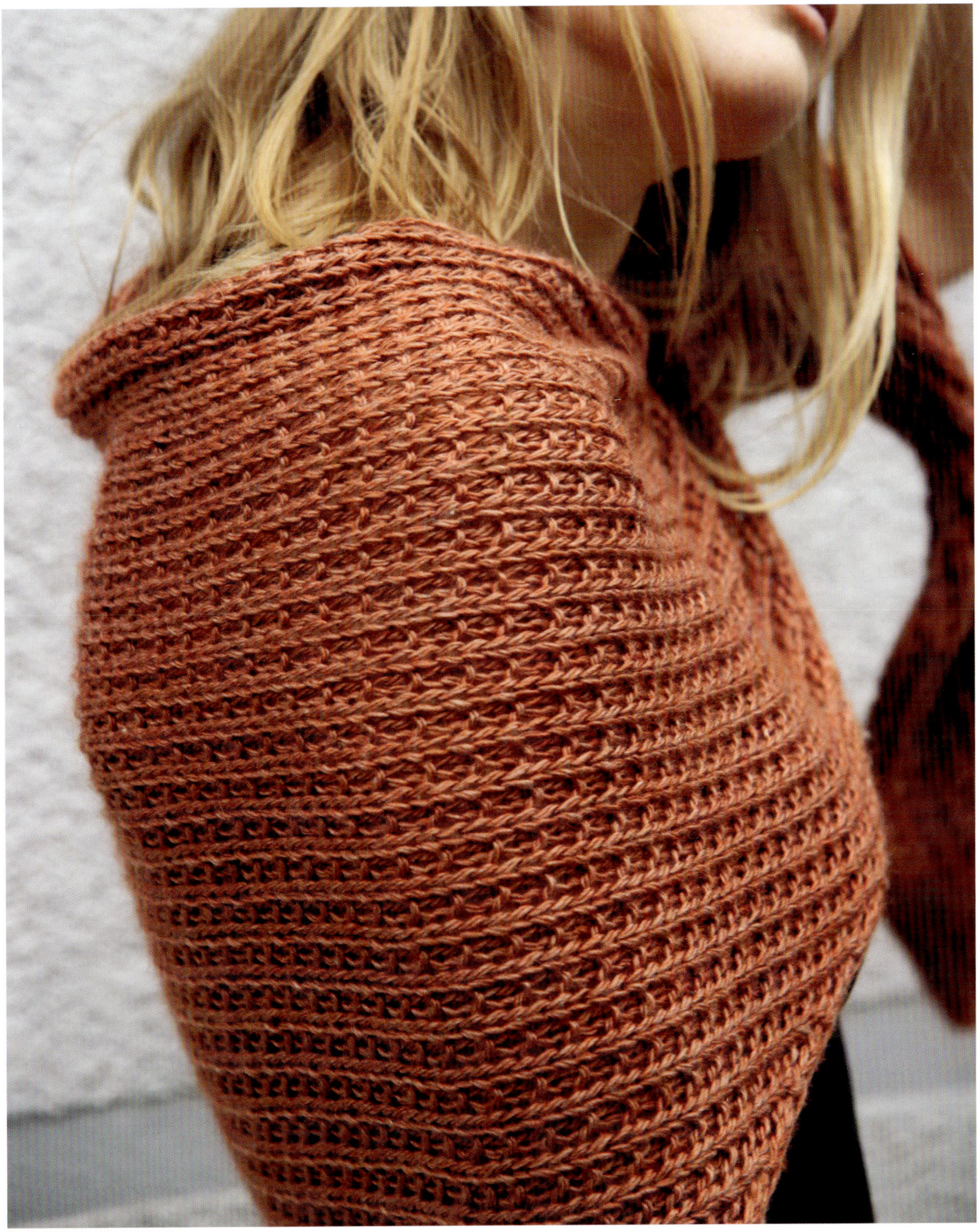

ANYTIME CARDIGAN

– LANGER OVERSIZED-MANTEL –

GRÖSSE

XS, S, M, L, XL

HINWEIS: *Die Angaben für die einzelnen Größen stehen von der kleinsten bis zur größten Größe (XS–XL) hintereinander, durch Schrägstriche getrennt. Steht nur eine Angabe, gilt diese für alle Größen.*

Brustumfang:
100/110/120/130/135 cm

Ärmelbreite:
18/20/21,5/23/24 cm

Sitz:
Oversized, überschnittene Ärmel

MATERIAL

- Rowan Big Wool (100 % Merinowolle, LL 80 m/100 g) in Grau (Fb 56), (800/900/900/1000/1000 g)
- Rundstricknadel 12,0 mm und 9,0 mm (je 80 oder 100 cm)
- Vernähnadel

GRUNDMUSTER

Glatt rechts in R (Körper):
1. R: Alle M rechts str.
2. R: Alle M links str.

Glatt rechts in Rd (Ärmel):
Stets rechte M str.

Bündchenmuster:
1/1-Rippe in Rd: 1 M rechts, 1 M links, im Wechsel str.

Randmasche (RM):
Str erste und letzte M rechts.

Maschenprobe :
Glatt rechts mit Nd 12,0 mm: 8 M und 12 R = 10 cm x 10 cm (ungewaschen)

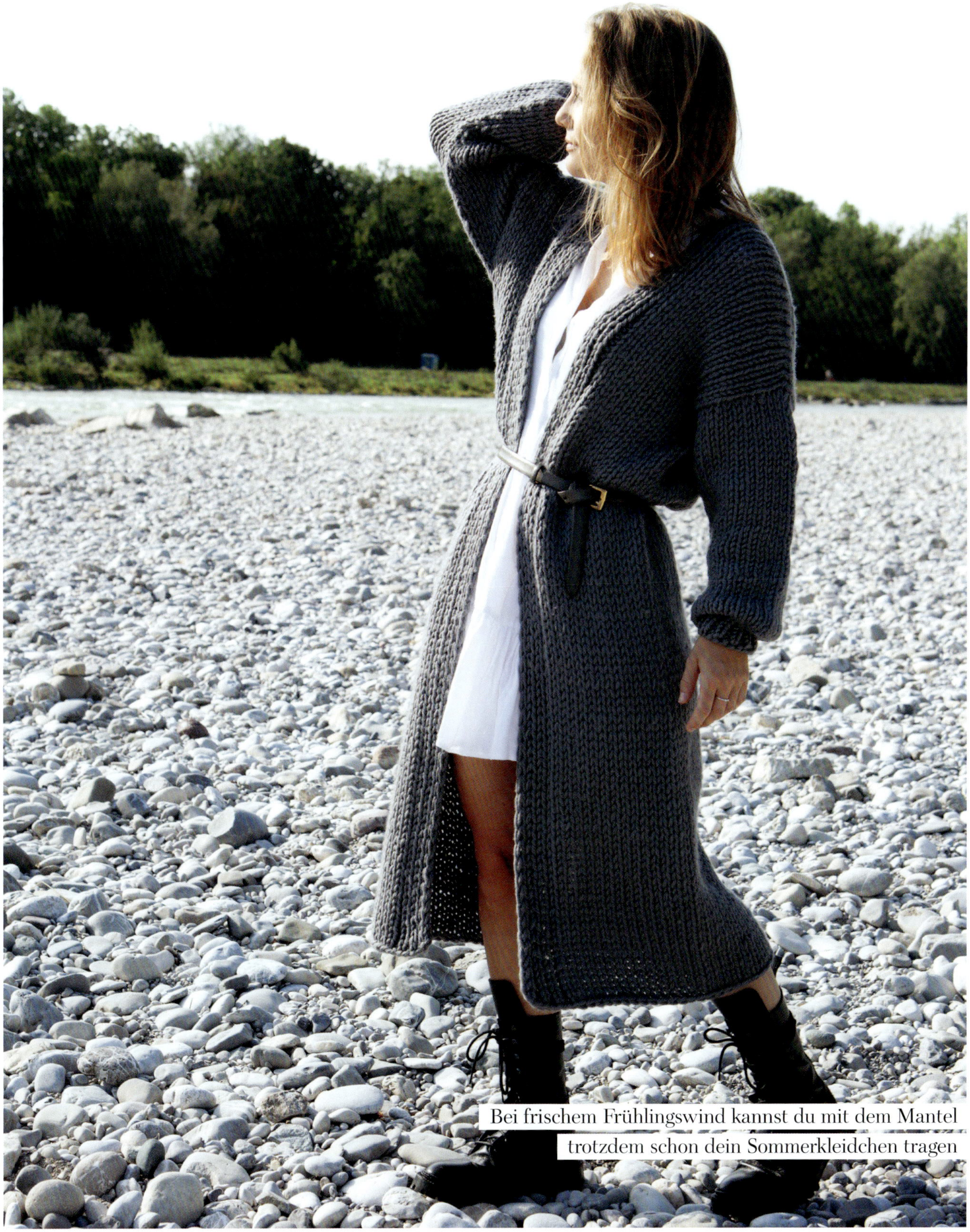

Bei frischem Frühlingswind kannst du mit dem Mantel trotzdem schon dein Sommerkleidchen tragen

ANLEITUNG

Der Cardigan wird von oben nach unten gestr. Zunächst wird das Rückteil bis unter die Arme in R gestr. Anschließend werden aus der Anschlagskante M aufgenommen und die Vorderteile werden separat gestr, bis sie mit dem Rückteil unter dem Armausschnitt verbunden werden. Die Gesamtlänge des Cardigans kann daher super einfach an deine gewünschte Länge angepasst werden. Die M für die Ärmel werden aus dem Armloch aufgenommen und die Ärmel werden in Rd gestr.

Rückteil:

Mit der Rundstrick-Nd 12,0 mm 46/50/55/58/62 M anschl.

Str 20/24/26/26/28 R glatt rechts. Denk an die RM.

Lege die M auf einer anderen Strick-Nd, Garn etc. still.

Rechtes Vorderteil:

Rückteil auf rechts mit Anschlagskante nach oben hinlegen.

Beginne rechts außen und nimm 19/21/23/24/25 M entlang der Anschlagskante auf.

1. R: 2 M links, * 1 M rechts, 1 M links, von * bis* 2x wdh, str alle M links bis 1 M vor Ende, RM.
2. R: Str alle M rechts bis 7 M vor Ende, * 1 M links, 1 M rechts, von * bis* 2x wdh, 1 M rechts.
3. R: 2 M abh, Arbeitsfaden dabei vor der Arbeit, str alle M, wie sie erscheinen bis 1 M vor Ende, RM.

Wdh 2.–3. R bis du insgesamt 20/24/26/26/28 R gestr hast. Beende mit einer Hin-R. Schneide den Faden ab.

Linkes Vorderteil:

Rückteil auf rechts mit Anschlagskante nach oben hinlegen.

Beginne mit dem Aufnehmen der M ab der 19/21/23/24/25 M von links außen gezählt und nimm 19/21/23/24/25 M entlang der Anschlagskante auf.

1. R: RM, str alle M links bis 7 M vor Ende, * 1 M rechts, 1 M links, von * bis* 2x wdh, 1 M links.
2. R: 2 M abh, Arbeitsfaden dabei hinter der Arbeit, str alle M, wie sie erscheinen, RM.

Wdh 1.–2. R bis du insgesamt 20/24/26/26/28 R gestr hast. Beende mit einer Rück-R. Schneide den Faden nicht ab.

Verbinden von Vorderteilen mit Rückteil in Hin-R:

Str 2. R des linken Vorderteils bis 1 M vor Ende, str die letzte M des Vorderteils mit der ersten M des Rückteils rechts zus, str alle M des Rückteils bis 1 M vor Ende, str die letzte M des Rückteils mit der ersten M des rechten Vorderteils zus, str 2. R des rechten Vorderteils. (= 82/90/99/104/110 M)

TIPP: Lege die Körper-M still und stricke zunächst die Ärmel. Dann kannst du das restliche Garn für den Körper verwenden.

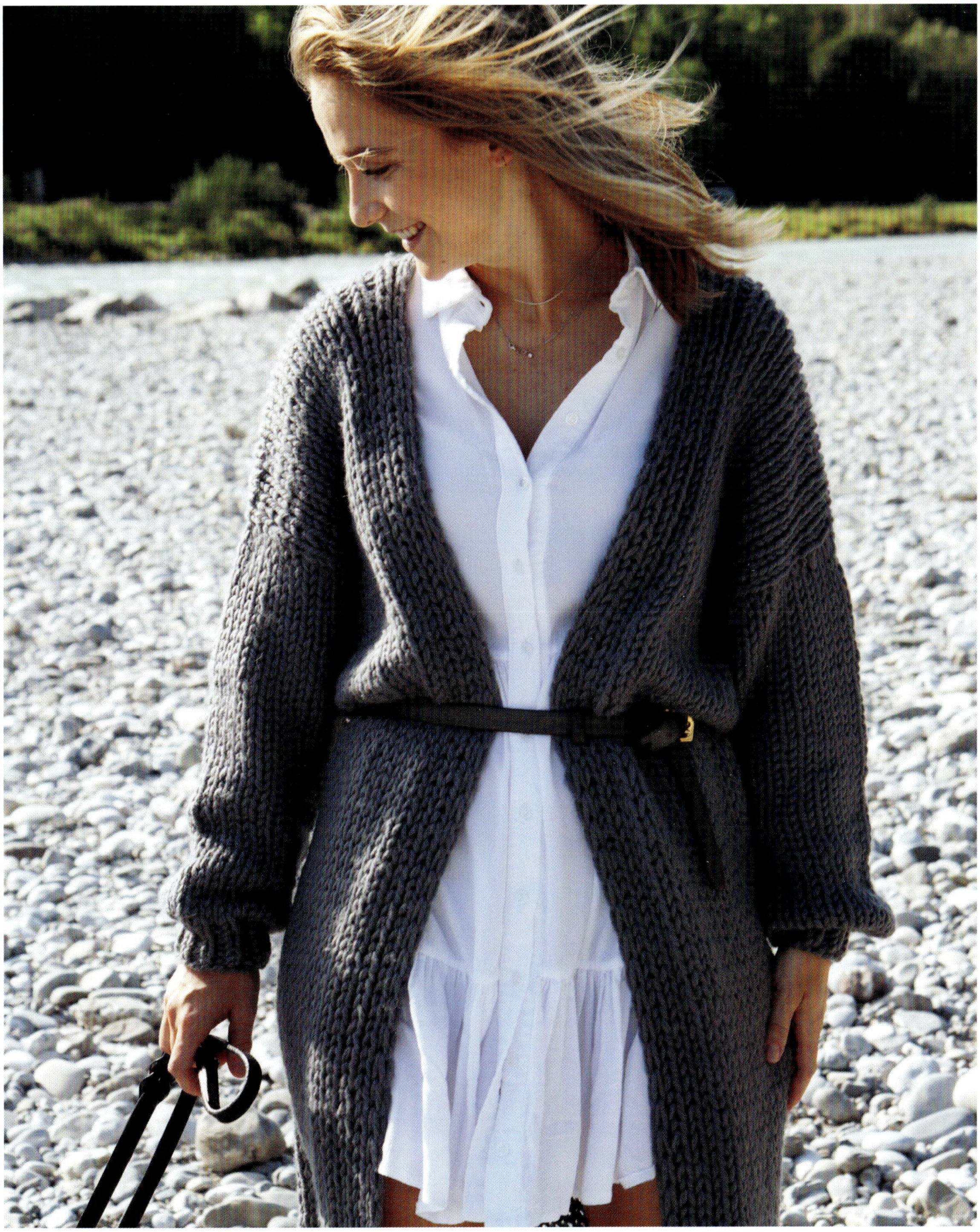

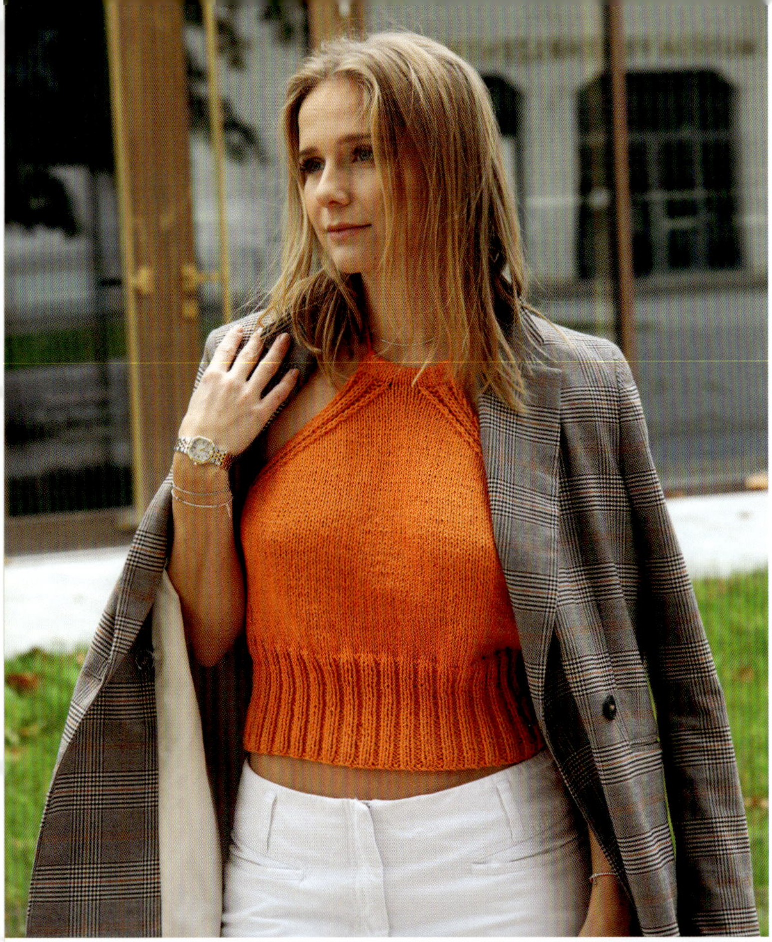

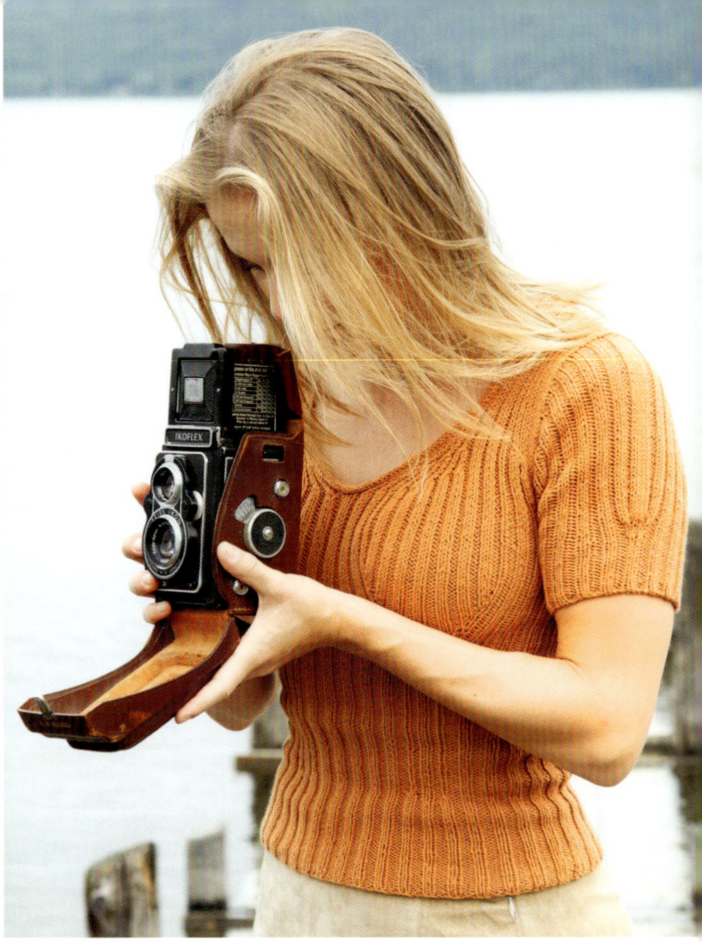
IKOFLEX

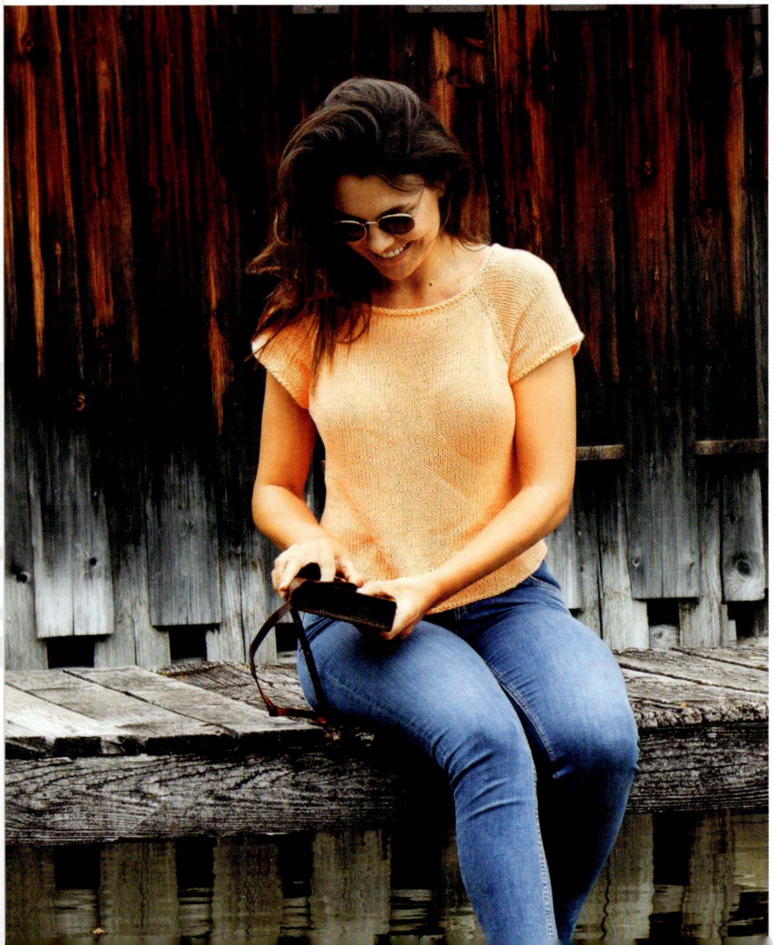

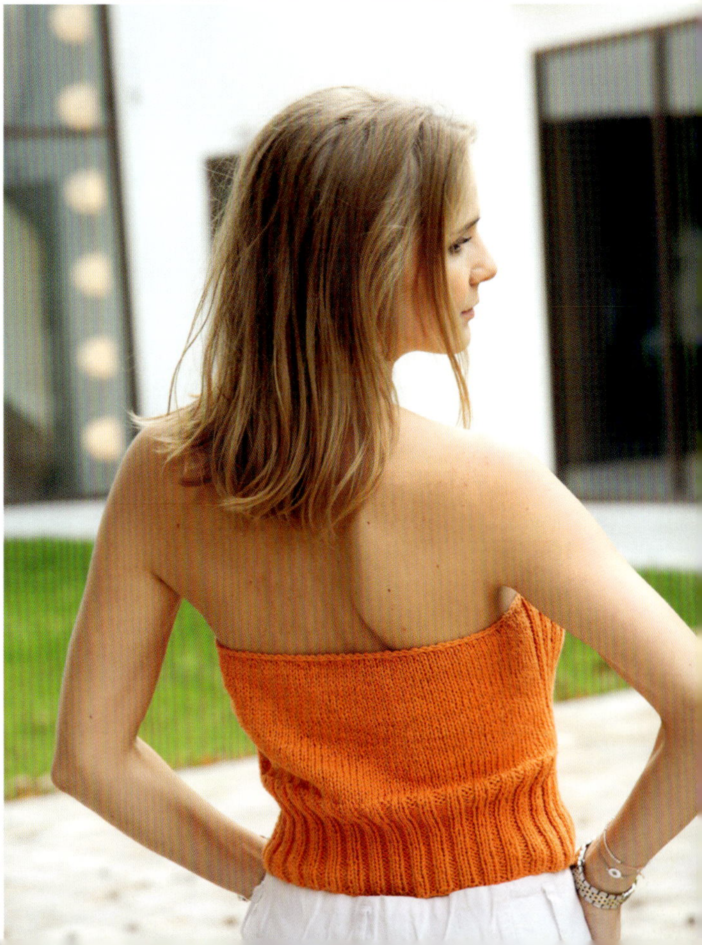

–02–

SOMMER

Strick im Sommer tragen? Ja klar! Diese coolen Oberteile sind echte Hingucker zu Rock und Shorts, lassen sich aber auch ganz easy zum Blazer als Business-Look kombinieren.

ESSENTIAL SHIRT

– T-SHIRT MIT RAGLANÄRMELN –

GRÖSSE

XS, S, M, L, XL

HINWEIS: Die Angaben für die einzelnen Größen stehen von der kleinsten bis zur größten Größe (XS–XL) hintereinander, jeweils durch Schrägstriche getrennt. Steht nur eine Angabe, gilt diese für alle Größen.

Brustumfang:
87/97/107/117/127 cm

Ärmelbreite:
18/19/21/22/24 cm

Sitz:
Regular Fit

MATERIAL

- Lamana Cosma (60 % Baumwolle, 40 % Modal, LL 100 m/50 g) in Pfirsich (Fb 44), 200/250/300/350/400 g
- Rundstricknadel 5,0 mm (80 cm), alternativ Nadelspiel für die Ärmel anstatt Magic-Loop-Methode
- Vernähnadel

GRUNDMUSTER

Glatt rechts in Runden:
Stets rechte M str.

Maschenprobe:
Glatt rechts mit Nd 5,0 mm: 15 M und 22 R = 10 cm x 10 cm

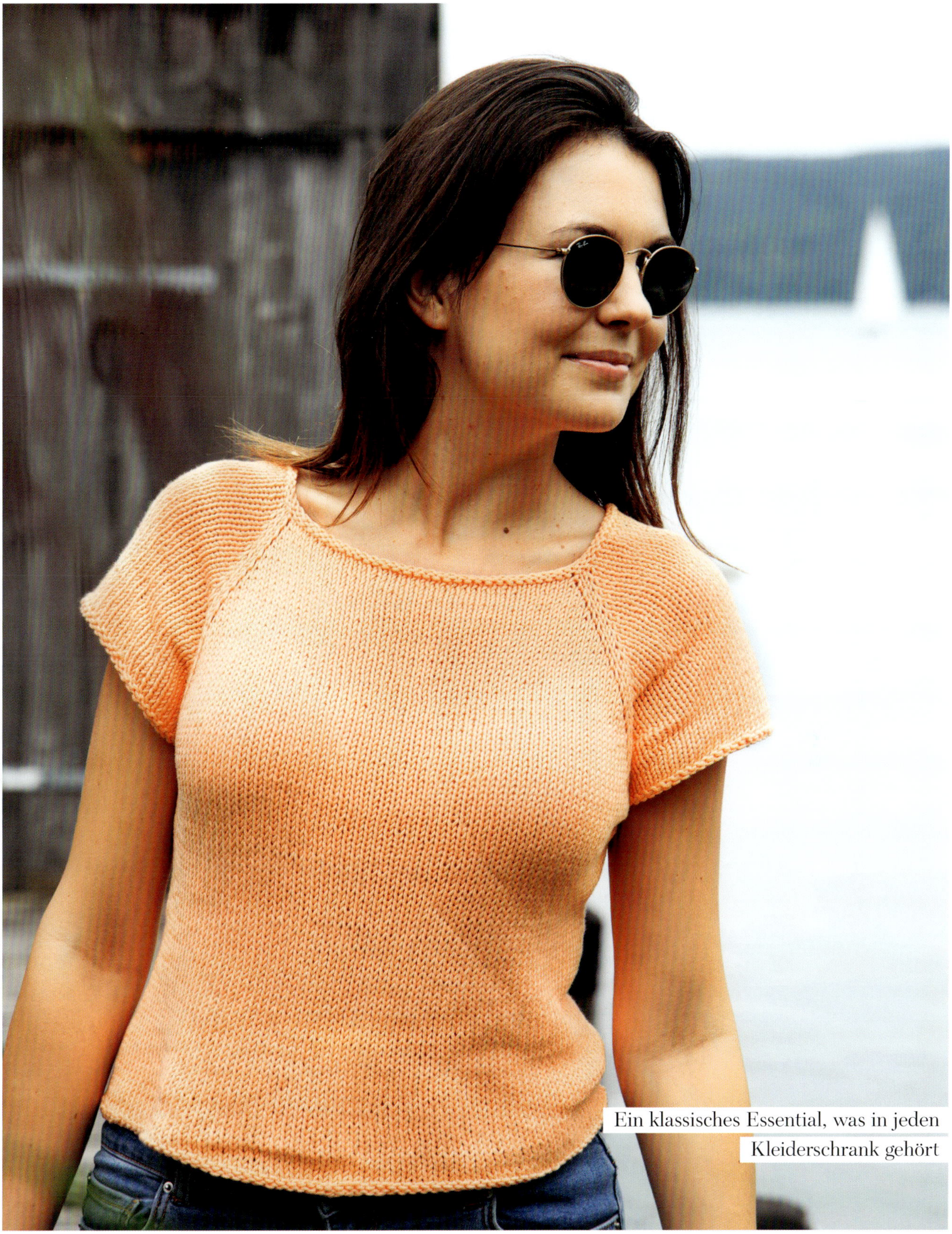

Ein klassisches Essential, was in jeden Kleiderschrank gehört

ANLEITUNG

Das T-Shirt wird von oben nach unten gestrickt. Die Raglan-Zun erfolgen in Rd, anschließend werden Ärmel und Körper in Rd gestr. Somit kann die Länge von Ärmeln und Körper nach eigenem Bedarf angepasst werden. Beachte bitte, dass hierbei die erforderliche Garnmenge abweichen kann.

HINWEIS: Die Raglan-Zun erfolgen jede 2. Rd und es werden bei 4 Raglan-Schrägen je 2 Zun = 8 Zun gestr.

Mit der Rundstrick-Nd 5,0 mm 79/88/99/112/119 M anschl, MM setzen, zur Runde schließen. Der Rundenanfang befindet sich an der Raglan-Schräge zwischen Rückteil und rechtem Ärmel.

1.–2. Rd: Alle M links str.
3. Rd: Alle M rechts str.
4. Rd: * 2 M rechts, 1 M links-gen aus QF zun, 14/15/16/17/18 Ärmel-M rechts, 1 M rechts-gen aus QF zun, MM setzen, 2 M rechts, 1 M links-gen aus QF zun *, 26/30/34/40/42 Vorderteil-M rechts, 1 M rechts-gen aus QF zun, MM setzen, von * bis * wdh, 17/20/25/30/33 Rückteil-M rechts, 1 M rechts-gen aus QF zun. (= 87/96/107/120/127 M)
5. Rd: Alle M rechts str. Dabei MM immer abh.

Die 4.–5. Rd insgesamt 18/20/21/22/24x str.

Nun solltest du 62/70/76/84/90 M Vorderteil, je 50/55/58/61/66 M Ärmel, 53/60/67/74/81 M Rückteil und 8 M Raglan

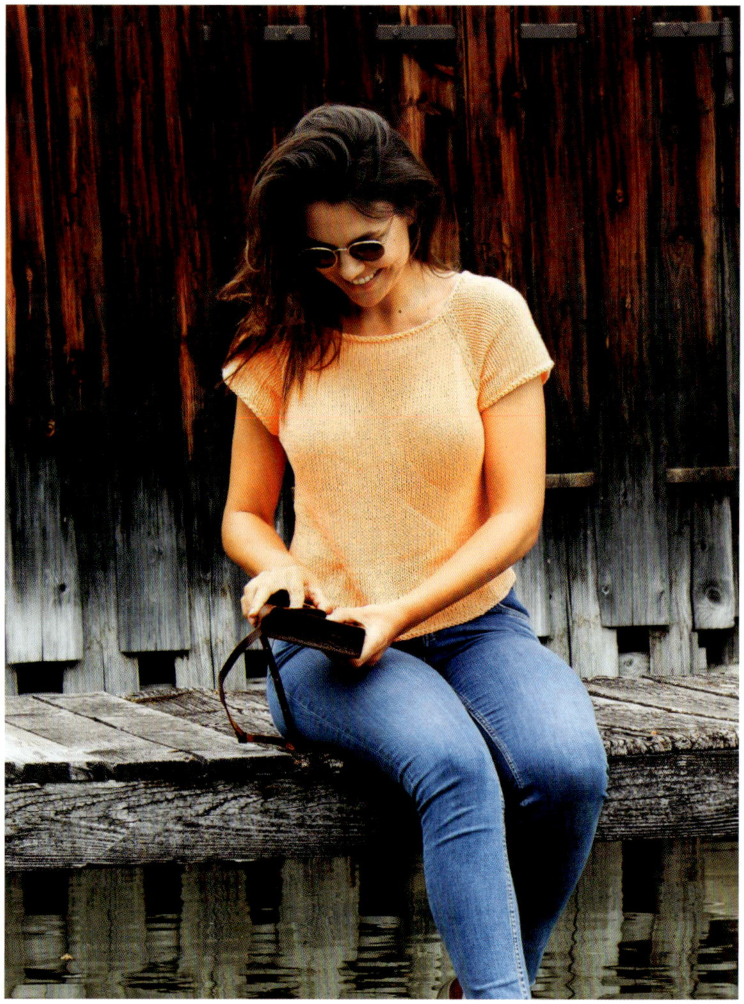

auf der Nadel zählen, gesamt = 223/248/267/288/311 M.

Str 5/5/6/6/7 Rd alle M rechts.

Von Beginn hast du insgesamt 44/48/51/53/58 Rd gestr und dein Strickstück sollte nun ca. 20/21/23/24/26,5 cm betragen.

Das Vorder- und Rückteil werden nun zusammengeführt, wobei zwischen Vorder- und Rückteil neue M angeschlagen werden, um unschöne Löcher unter dem Arm zu vermeiden. Gleichzeitig werden die Ärmel-M stillgelegt und die Raglan-M auf Vorder- und Rückteil aufgeteilt.

Das geschieht wie folgt:
* 2 M rechts, Ärmel-M bis MM abh und stilllegen, MM entfernen, 4/4/5/5/6 M anschl, 2 M rechts *, Vorderteil-M rechts bis MM, MM entfernen, von * bis * wdh, Rückteil-M rechts. Der Rd-Anfang bleibt unverändert.
(= 131/146/161/176/191 M)

Glatt rechts in Rd str bis der Körper ab unter dem Arm ca. 25/27/29/31/33 cm misst.

1 Rd alle M links str.

Alle M links abk.

Ärmel:

Die stillgelegten 50/55/58/61/66 Ärmel-M auf das Nd-Spiel 5,0 mm nehmen und 4/4/5/5/6 M unter dem Arm aufnehmen. Die Arbeit zur Rd schließen und den Rd-Beginn mit einem MM kennzeichnen.
(= 54/59/63/66/72 M)

1.–2. Rd: Alle M rechts.
3. Rd: Alle M links.
4. Rd: Alle M links abk.

HINWEIS: Probiere das T-Shirt an und stricke die Ärmel so lang wie du möchtest und es deine Garn-Menge hergibt.

Fertigstellung:

Alle Fäden sauber vernähen. Das T-Shirt auf links blocken.

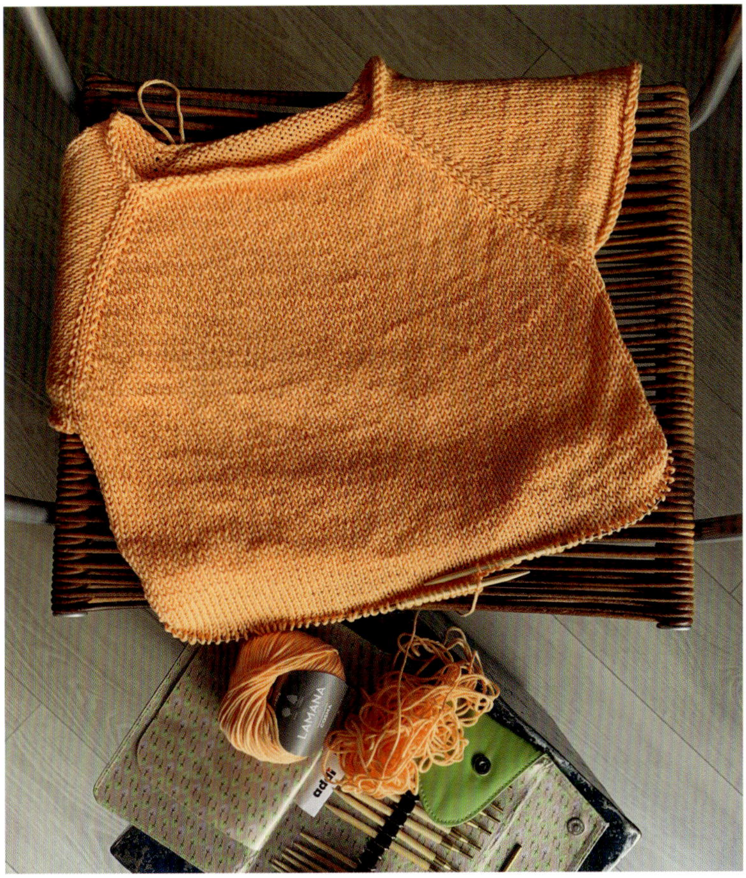

EDGY TOP

– NECKHOLDER-TOP MIT BETONTEN ABNAHMEN –

GRÖSSE

XS, S, M, L, XL

HINWEIS: *Die Angaben für die einzelnen Größen stehen von der kleinsten bis zur größten Größe (XS–XL) hintereinander, durch Schrägstriche getrennt. Steht nur eine Angabe, gilt diese für alle Größen.*

Brustumfang:
85/90/95/105/110 cm

Länge: 40/40/45/50/55 cm

Sitz:
Slim Fit

MATERIAL

- Lang Yarns Baby Cotton (100 % Baumwolle, LL 180 m/50 g) in Terracotta (Fb 175), 150/150/200/200/250 g

HINWEIS: *Das Top wird doppelfädig gestr. Die Garnmenge bezieht sich auf die insgesamt benötigte Menge.*

- Rundstricknadel 5,0 mm (80 cm)
- Häkelnadel 4,0 mm oder 5,0 mm für Kordel
- Vernähnadel

GRUNDMUSTER

Glatt rechts in Rd:
Stets rechte M str.

2/2-Rippenmuster in Rd:
2 M rechts, 2 M links im Wechsel str.

Glatt rechts in R:
Hin-R: Rechte M str.
Rück-R: Linke M str.

Maschenprobe:
Glatt rechts mit Nd 5,0 mm doppelfädig:
18 M und 28 R = 10 cm x 10 cm

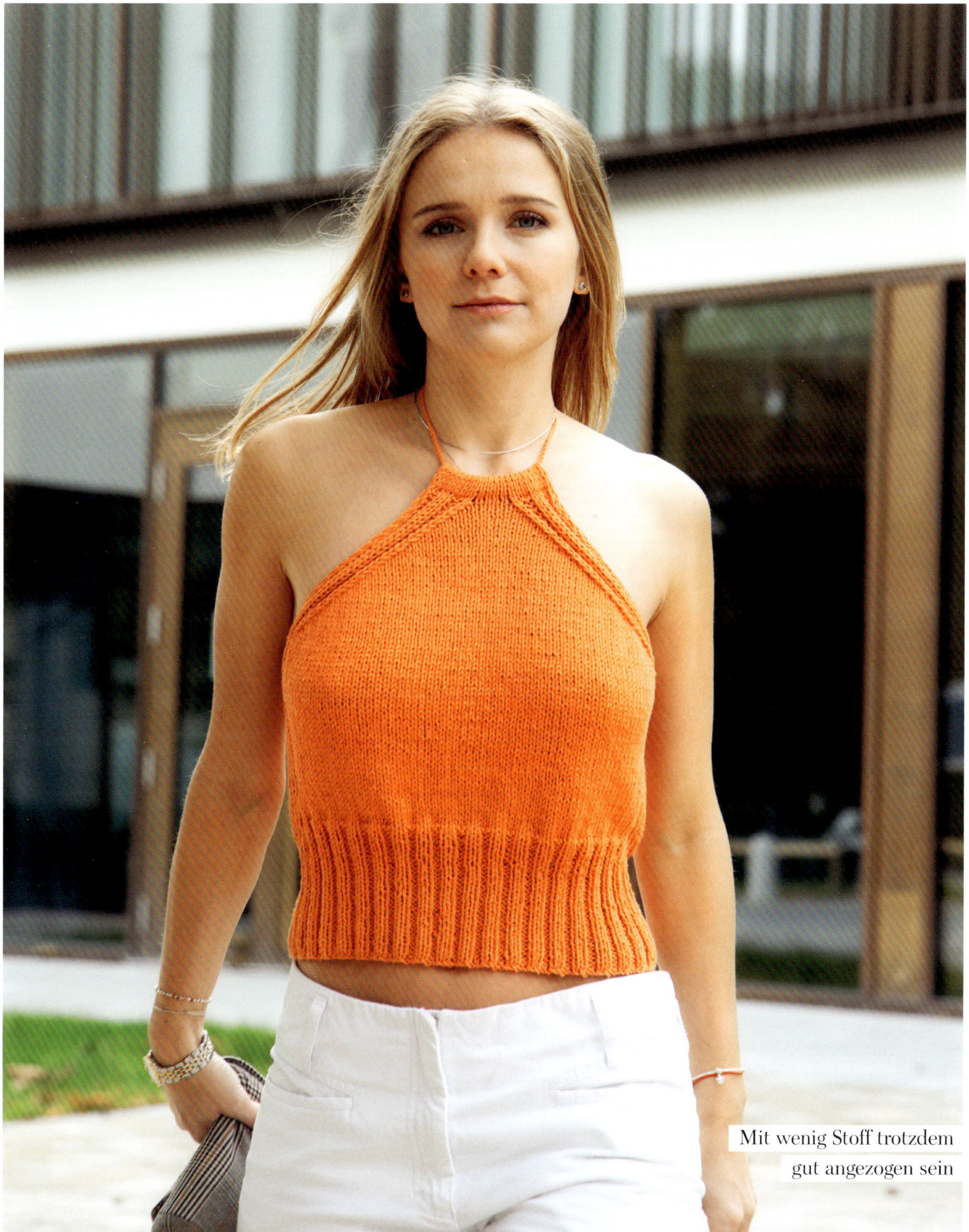

Mit wenig Stoff trotzdem gut angezogen sein

ANLEITUNG

Das Top wird von unten nach oben bis unter die Arme in Rd gestr. Die M des Rückteils werden abgekettet und die M des Vorderteils in R weiter gestr. Mit einer gehäkelten oder gestrickten Kordel wird das Top im Nacken gehalten.

Mit der Rundstrick-Nd 5,0 mm 156/164/172/188/196 M anschl, zur Rd schließen, MM setzen.

Str 2/2-Rippenmuster für 30 Rd oder 11 cm.

Strickstück aufteilen in Vorder- und Rückteil. Platziere MM nach 78/82/86/94/98 M und vor dem Rd-Anfang MM gezählt. Seitlich neben den MM wird das 2/2-Muster beibehalten, während Vorder- und Rückteil glatt rechts gestr werden.

31. Rd: (**) * 2 M rechts, 2 M links *, von * bis * noch 1x wdh, str M rechts bis 8 M vor MM, * 2 M links, 2 M rechts *, von * bis * noch 1x wdh, MM abh, wdh die Sequenz ab (**) bis Rd-Ende.

Str alle M, wie sie erscheinen bis das Strickstück 27/27/28/29/30 ab Anschlagskante misst.

Rückteil-M abk:
Str 78/82/86/94/98 M, wie sie erscheinen, 78/82/86/94/98 M fest abk.
(= 78/82/86/94/98 M)

1. R: 1 M abh, 1 M rechts, 2 M links, 2 M rechts, 2 M links, 2 M rechts verschr zusstr, alle M rechts bis 10 M vor Ende, 2 M rechts zusstr, * 2 M links, 2 M rechts *, von * bis * noch 1x wdh.
(= 76/80/84/92/96 M)
2. R: 1 M abh, 1 M links, 2 M rechts, 2 M links, 2 M rechts, 2 M links verschr zusstr, alle M links bis 10 M von Ende, 2 M links zus str, * 2 M rechts, 2 M links *, von * bis * noch 1x wdh.
(= 70/74/78/86/90)

Str 1.–2. R insgesamt 14/15/16/18/19x. (= 22 M)

Umschlagkante für Neckholde-Kordel:

1. R: 1 M abh, 21 M rechts str.
2. R: 1 M abh, 21 M links str.
Str 1.–2. R insgesamt 6x.

Alle M abk und auf der Innenseite mit Maschenstich vernähen.

Fertigstellung:

Häkle oder stricke eine 80 cm lange Kordel, bestenfalls I-Cord-Kordel, aus einem Faden. Alternativ kannst du eine doppelfädige Luftmaschenkette häkeln.

Fädle die Kordel durch die Umschlagkante.

Vernäh alle Fäden sauber und blocke das Top.

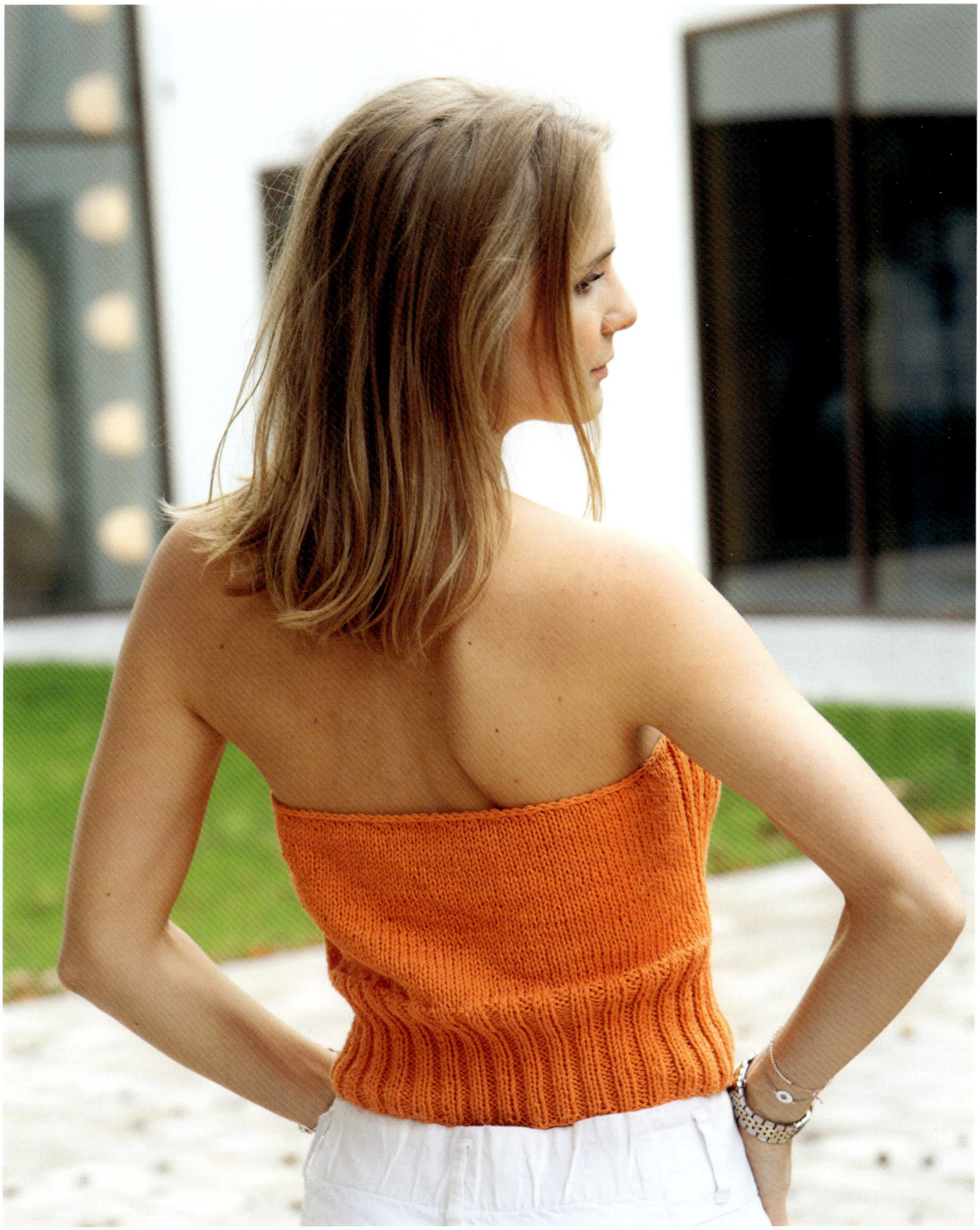

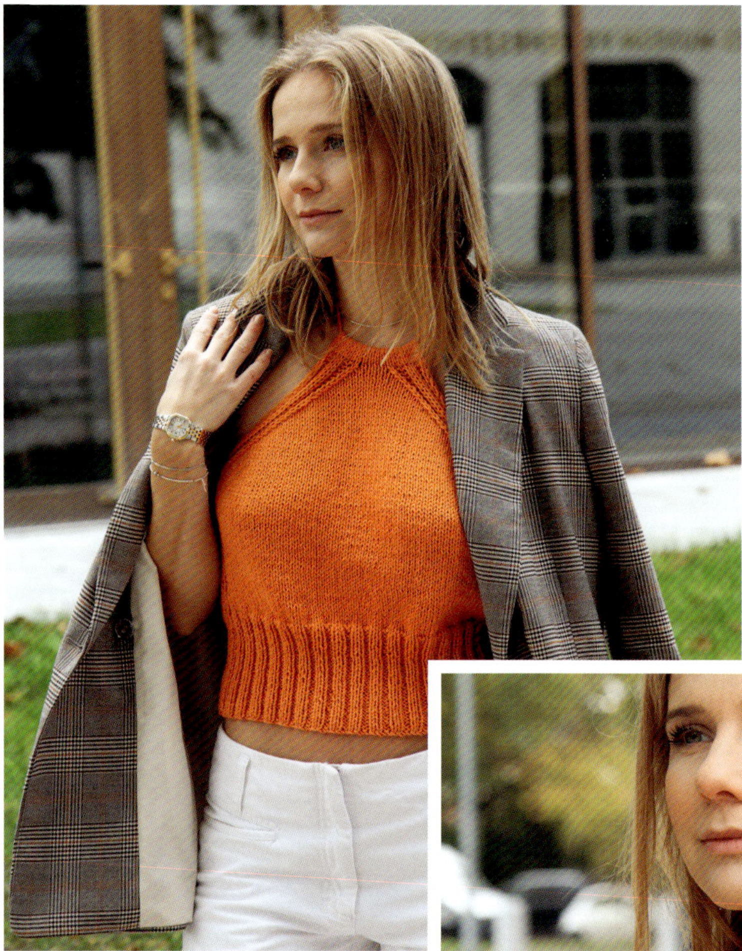

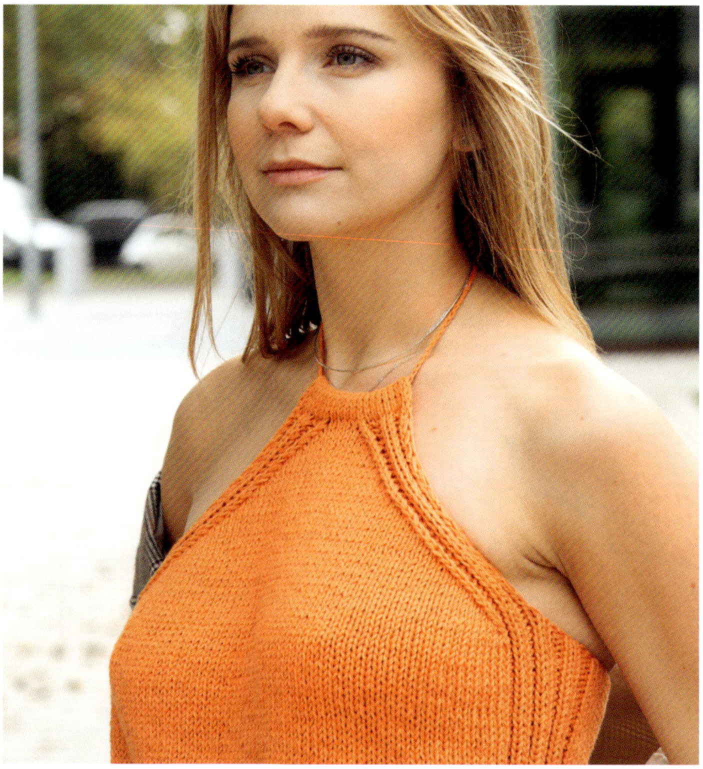

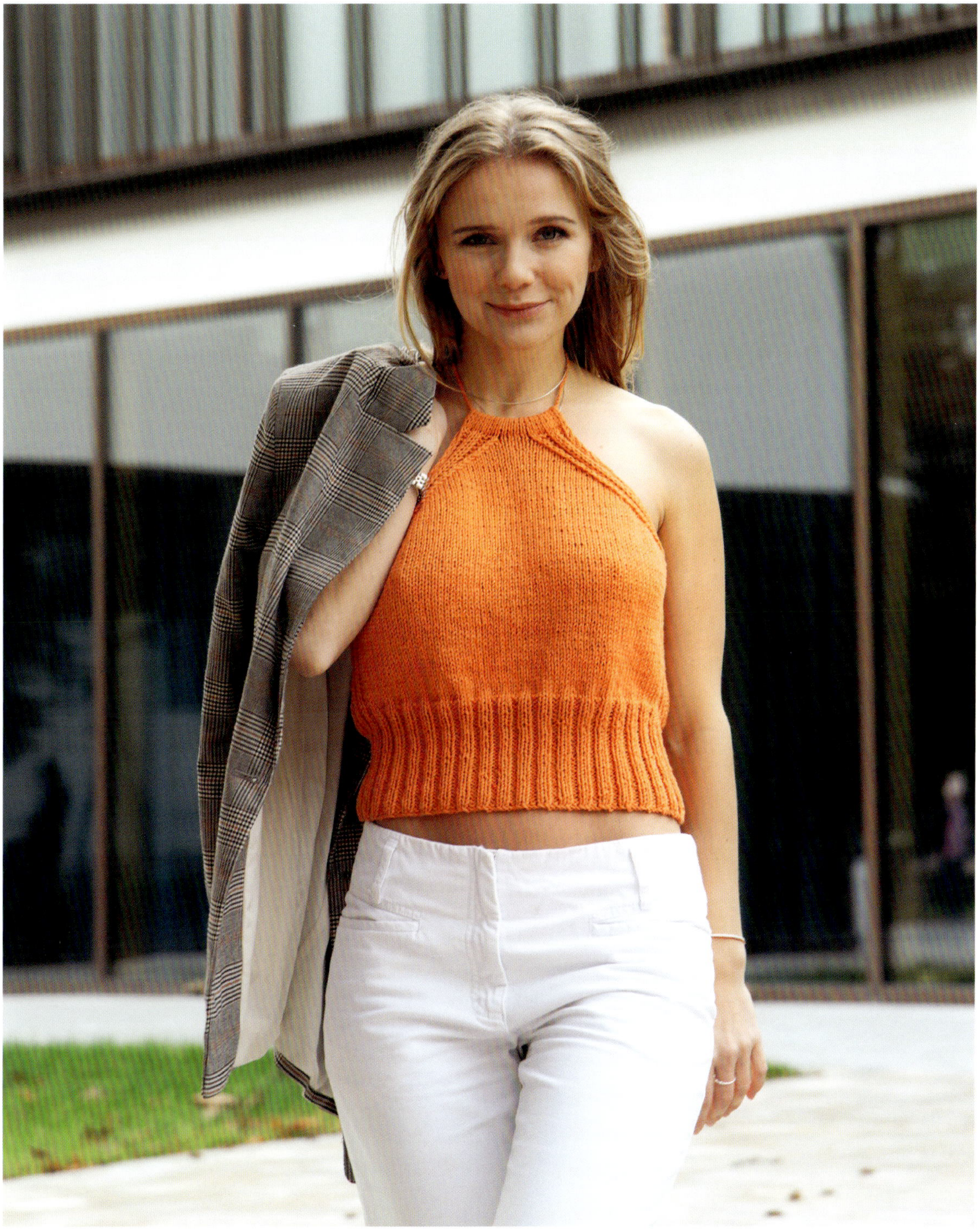

SHAPE SHIRT

– STRETCH-T-SHIRT MIT RIPPEN-STRUKTURMUSTER –

GRÖSSE

XS, S, M, L, XL

HINWEIS: Die Angaben für die einzelnen Größen stehen von der kleinsten bis zur größten Größe (XS–XL) hintereinander, durch Schrägstriche getrennt. Steht nur eine Angabe, gilt diese für alle Größen.

Brustumfang:
82/90/104/112/124 cm

Ärmelbreite:
17/19/20,5/22/24 cm

Sitz:
Extra slim Fit, aber gemütlich dank Stretchanteil

MATERIAL

× Lana Grossa Elastico (96 % Baumwolle, 4 % Polyester (Elastan), LL 160 m/50 g) in Cognac (Fb 149), 200/250/300/350/400 g

× Rundstricknadel 4,0 mm (80 cm), alternativ Nadelspiel für die Ärmel anstatt Magic-Loop-Methode

× Vernähnadel

GRUNDMUSTER

2/2-Rippenmuster in Rd:
2 M rechts, 2 M links im Wechsel str.

2/2-Rippenmuster in R:
1. R: 2 M rechts, 2 M links im Wechsel str.
2. R: 2 M links, 2 M rechts im Wechsel str.

Randmasche (RM):
Erste und letzte M rechts str.

Maschenprobe
2/2-Rippenmuster mit Nd 4,0 mm: 22 M und 32 R = 10 cm x 10 cm

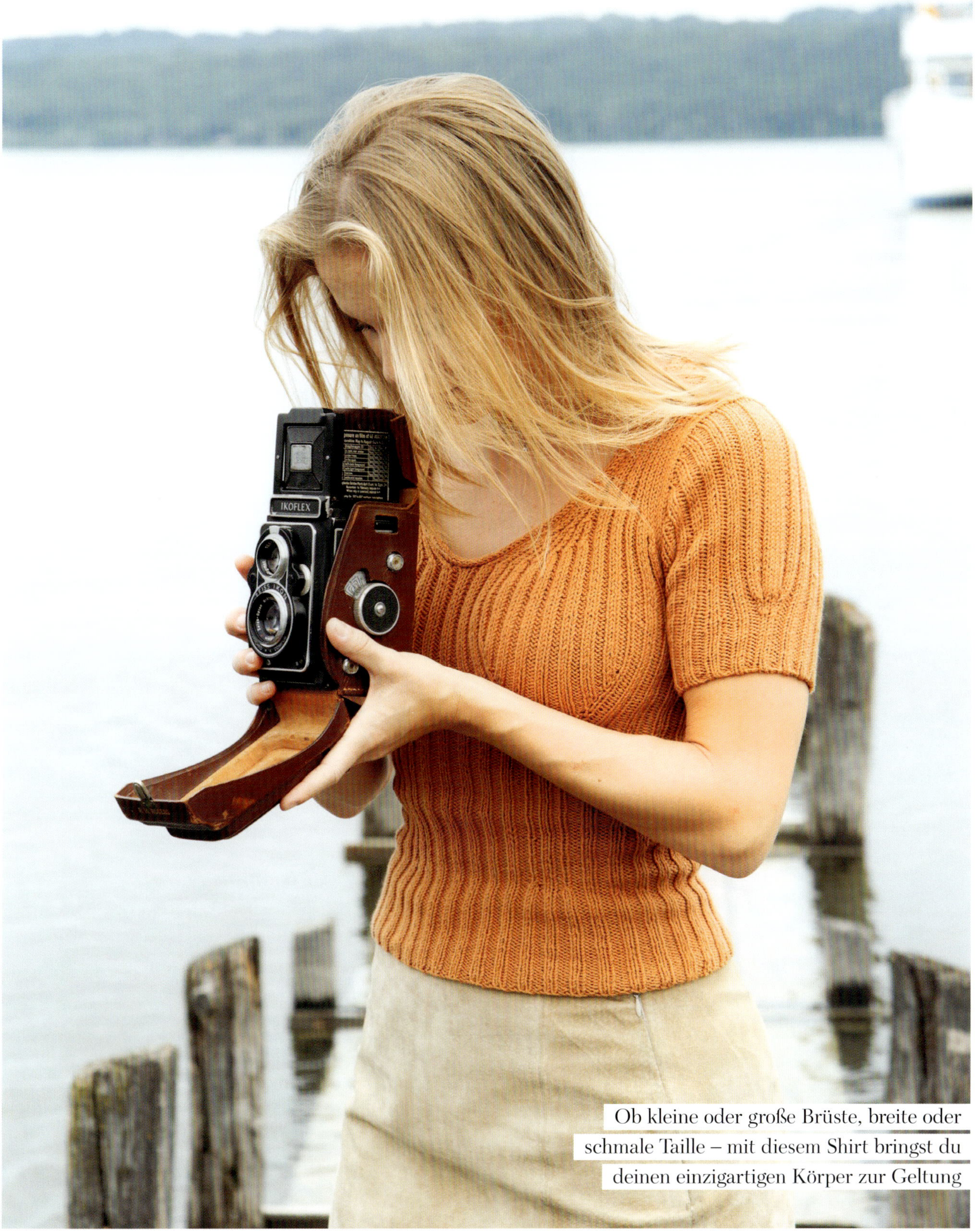

Ob kleine oder große Brüste, breite oder schmale Taille – mit diesem Shirt bringst du deinen einzigartigen Körper zur Geltung

ANLEITUNG

Das Shirt wird von unten nach oben in Rd gestr. Der Halsausschnitt auf der Vorderseite wird durch Abnahmen geformt. Nachdem die Schulternaht zusammengenäht wurde, werden die M für die Ärmel aus dem Armloch aufgenommen und nach verkürzten Reihen dann in Rd gestr. Abschließend werden M entlang des Halsausschnitts aufgenommen und ein I-Cord-Rand angestrickt.

Körper:

Mit der Rundstrick-Nd 4,0 mm 136/152/168/184/208 M anschl und zur Rd schließen, MM setzen. Rd-Beginn ist links zwischen Vorder- und Rückteil.

Str 1 M links, * 2 M rechts, 2 M links *, von * bis * wdh bis 1 M vor Ende, 1 M links. Für 8/9/10/11/12 cm.

Abnahmen an Taille:

1. Rd: 1 M links, str 16/16/20/20/24 M im 2/2-Rippenmuster, * str 2 M rechts verschr zus, 2 M links, 2 M rechts, 2 M links, str 2 M rechts zus*, str 14/22/22/30/30 M in 2/2, von * bis * wdh, str 2/2 weiter bis 1 M vor Ende, 1 M links. (= 132/148/164/180/204 M)

2. Rd: Str alle M wie sie erscheinen.

3. Rd: 1 M links, str 16/16/20/20/24 M in 2/2, * 1 M rechts, str 2 M links zus, 2 M rechts, str 2 M links zus, 1 M rechts *, str 14/22/22/30/30 M in 2/2, von * bis * wdh, str 2/2 weiter bis 1 M vor Ende, 1 M links. (= 128/144/160/176/200 M)

4. Rd: Str alle M wie sie erscheinen.

HINWEIS: Die Strickschrift findest du ab S. 130.

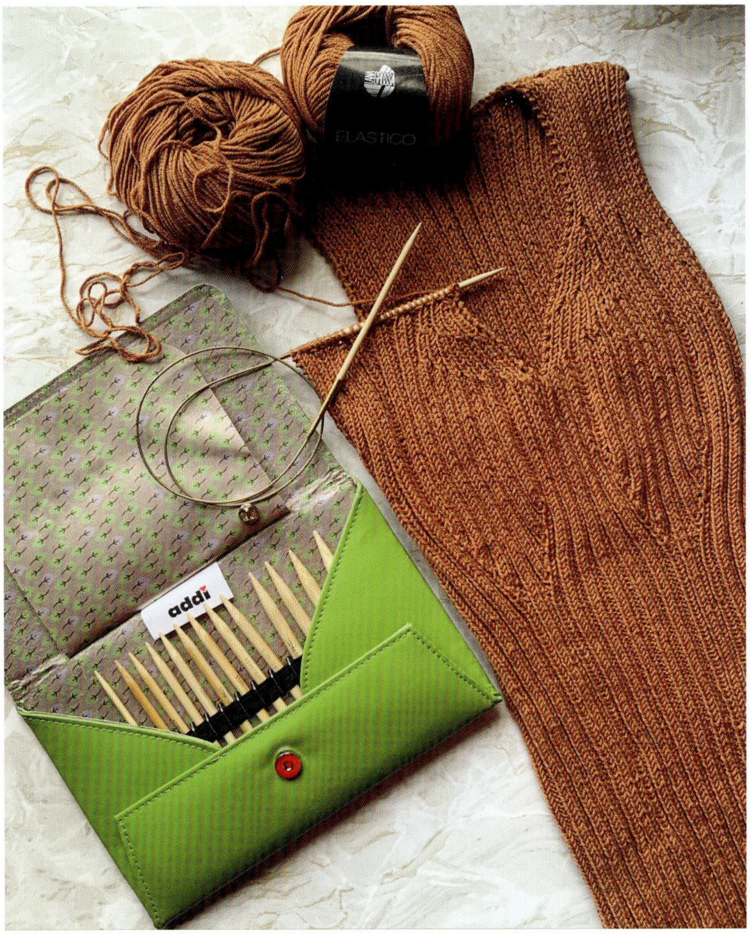

Str die 4. Rd für weitere 11/13/18/21/23 cm.

Nun werden zwischen den beiden einzelnen rechten M Zun gestr. Platziere dazu an jeder Brust nach der ersten einzelnen rechten M und vor der zweiten einzelnen rechten M einen MM. Durch die Zun wird das 2/2-Rippenmuster innerhalb der beiden einzelnen rechten M erzeugt. D.h. die Zun werden in der nächsten Rd entsprechend dem 2/2-Rippenmuster gestr.

1. Rd: 1 M links, str 16/16/20/20/24 M in 2/2, * 1 M rechts, MM abh, 1 M links-gen aus QF zun, 1 M links, 2 M rechts, 1 M links, 1 M aus QF rechts-gen zun, MM abh, 1 M rechts *, str 14/22/22/30/30 M in 2/2, von * bis * wdh, str 2/2 weiter bis 1 M vor Ende, 1 M links. (= 132/148/164/180/204 M)

2. Rd: Alle M wie sie erscheinen str.

3. Rd: 1 M links, str 16/16/20/20/24 M in 2/2, * 1 M rechts, MM abh, 1 M links-gen aus QF zun, 2/2 bis MM, 1 M aus QF rechts-gen zun, MM abh, 1 M rechts *, str 14/22/22/30/30 M in 2/2, von * bis * wdh, str 2/2 weiter bis 1 M vor Ende, 1 M links. (= 136/152/168/184/208 M)

4. Rd: Alle M wie sie erscheinen str.

Wdh. 3.–4.Rd insgesamt 12/12/12/16/20 x. (= 180/196/212/244/284 M)

Vorder- und Rückteil werden nun separat gestr.

Rückteil:

HINWEIS: Fahre mit demselben Arbeitsfaden fort, d.h. beginne mit Rück-R.

1.–7. R: RM, str 66/74/82/90/106 M 2/2-Rippenmuster, RM.

Abnahmen für Armausschitt zu formen:

8. R: RM, 2 M rechts, str 2 M links zus, str 2/2 bis 5 M vor Ende, str 2 M links zus, 2 M rechts, RM.
(= 66/74/82/90/106 M)

9.–11. R: RM, str alle M, wie sie erscheinen, RM.

12. R: RM, 2 M rechts, 1 M links, str 2 M rechts verschr zus, str 2/2 bis 6 M vor Ende, str 2 M rechts zus, 1 M links, 2 M rechts, RM.
(= 64/72/80/88/104 M)

Nur Größe XS-M:

13.–15. R: RM, str alle M, wie sie erscheinen, RM.

16. R: RM, 2 M rechts, 1 M links, 1 M rechts, str 2 M links zus, str 2/2 bis 7 M vor Ende, str 2 M links zus, 1 M rechts, 1 M links, 2 M rechts, RM. (= 62/70/78/86/102 M)

17.–19. R: RM, str alle M, wie sie erscheinen, RM.

20. R: RM, 2 M rechts, 1 M links, 1 M rechts, 1 M links, str 2 M rechts verschr zus, str 2/2 bis 8 M vor Ende, str 2 M rechts zus, 1 M links, 1 M rechts, 1 M links, 2 M rechts, RM. (= 60/68/76/84/100 M)

21.–23. R: RM, str alle M, wie sie erscheinen, RM.

24. R: RM, 2 M rechts, * 1 M links, 1 M rechts *, von * bis * noch 1x wdh, str 2 M links zus, str 2/2 bis 9 M vor Ende, str 2 M links zus, * 1 M rechts, 1 M links *, von * bis * noch 1x wdh, 2 M rechts, RM. (= 58/66/74/82/98 M)

25. R: RM, str alle M, wie sie erscheinen, RM.

Str 25. R für weitere 7/9/11/-/- cm.

Größe L-XL:

Str alle M, wie sie erscheinen für -/-/-/17/19 cm.

Alle Größen:

Alle M abk.

Je Vorderteil hast du 56/60/64/76/88 M, Hin-R ist auf Vorderseite. MM entfernen. Die Abnahmen werden in der Hinreihe gestr und in der Rückreihe str alle M, wie sie erscheinen.

HINWEIS: *Die Strickschrift findest du ab S. 130.*

Linkes Vorderteil:

1. R: RM, str alle M, wie sie erscheinen bis 3 M vor Ende, str 2 M links zus, RM. (= 55/59/63/75/87 M)
2. R: RM, str alle M, wie sie erscheinen, RM.
3. R: RM, str alle M, wie sie erscheinen bis 6 M vor Ende, str 2 M links zus, str 2 M rechts zus, 1 M links, RM. (= 53/57/61/73/85 M)
4. R: Wie die 2. R str.

Größe XS:
5. R: RM, str alle M, wie sie erscheinen, RM.

Größe S-XL:
5. R: RM, str alle M, wie sie erscheinen bis -/8/8/8/8 M vor Ende, str 2 M links zus, str 2 M rechts zus, 1 M links, 1 M rechts, 1 M links, RM. (= -/55/59/71/83 M)
6. R: Wie die 2. R str.

Nur Größe L und XL:
5. R: RM, str alle M, wie sie erscheinen bis 10 M vor Ende, str 2 M links zus, str 2 M rechts zus, * 1 M links, 1 M rechts *, von * bis * noch 1x wdh, 1 M links, RM. (= -/-/-/69/81 M)
6. R: Wie die 2. R. str.

Alle Größen:
7. R: RM, str alle M, wie sie erscheinen bis 9/11/11/13/13 M vor Ende, str 2 M rechts zus, str 2 M links zus, * 1 M rechts, 1 M links *, von * bis * wdh bis 1 M vor Ende, RM. (= 51/53/57/67/79 M)
8. R: Wie die 2. R. str.
9. R: RM, str alle M, wie sie erscheinen bis 11/13/13/15/15 M vor Ende, str 2 M rechts zus, str 2 M links zus, * 1 M rechts, 1 M links *, von * bis * wdh bis 1 M vor Ende, RM. (= 49/51/55/65/77 M)
10. R: Wie die 2. R. str.
11. R: RM, str alle M, wie sie erscheinen bis 13/15/15/17/17 M vor Ende, str 2 M rechts zus, str 2 M links zus, * 1 M rechts, 1 M links *, von * bis * wdh bis 1 M vor Ende, RM. (= 47/49/53/63/75 M)
12. R: Wie die 2. R. str.
13. R: RM, 2 M rechts, str 2 M links zus, str alle M, wie sie erscheinen bis 15/17/17/19/19 M vor Ende, str 2 M rechts zus, str 2 M links zus, * 1 M rechts, 1 M links *, von * bis * wdh bis 1 M vor Ende, RM. (= 44/46/50/60/72 M)
14. R: Wie die 2. R str.
15. R: RM, 2 M rechts, 1 M links, str 2 M rechts verschr zus, str alle M, wie sie erscheinen bis 17/19/19/21/21 M vor Ende, str 2 M rechts zus, str 2 M links zus, * 1 M rechts, 1 M links *, von * bis * wdh bis 5 M vor Ende, str 3 M rechts zus, 1 M links, RM. (= 39/41/45/55/67 M)
16. R: Wie die 2. R str.
17. R: RM, 2 M rechts, 1 M links, 1 M rechts, str 2 M links zus, str alle M wie sie erscheinen bis 7 M vor Ende, str 3 M rechts zus, 1 M links, 1 M rechts, 1 M links, RM. (= 36/38/42/52/64 M)
18. R: Wie die 2. R str.
19. R: RM, 2 M rechts, 1 M links, 1 M rechts, 1 M links, str 2 M rechts verschr zus, str alle M, wie sie erscheinen bis 9 M vor Ende, str 3 M rechts zus, * 1 M links, 1 M rechts *, von * bis * noch 1x wdh, 1 M links, RM. (= 33/35/39/49/61 M)
20. R: Wie die 2. R str.
21. R: RM, 2 M rechts, * 1 M links, 1 M rechts *, von * bis * noch 1x wdh, str 2 M links zus, str alle M, wie sie erscheinen bis 1 M vor Ende, RM. (= 32/34/38/48/60 M)

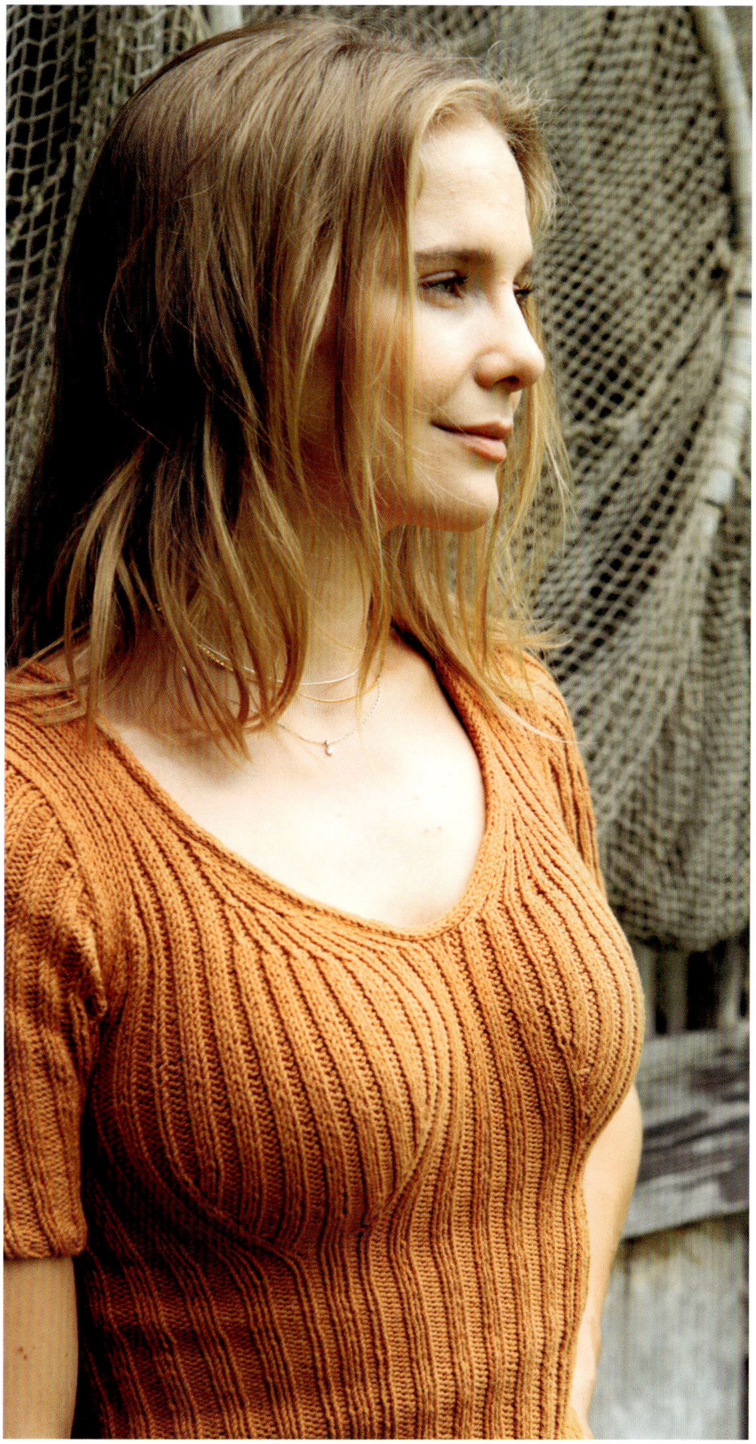

22. R: Wie die 2. R str.

23. R: RM, 2 M rechts, * 1 M links, 1 M rechts *, von * bis * noch 1x wdh, 1 M links, str 2 M rechts verschr zus, str alle M, wie sie erscheinen bis 1 M vor Ende, RM. (= 31/33/37/47/59 M)

24. R: Wie die 2. R str.

25. R: RM, 2 M rechts, * 1 M links, 1 M rechts *, von * bis * noch 2x wdh, str 2 M links zus, str alle M, wie sie erscheinen bis 5 M vor Ende, str 3 M rechts zus, 1 M links, RM. (=28/30/34/44/56 M)

26. R: Wie die 2. R str.

27. R: RM, str alle M, wie sie erscheinen bis 7 M vor Ende, str 3 M rechts zus, 1 M links, 1 M rechts, 1 M links, RM. (= 26/28/32/42/54 M)

28. R: Wie die 2. R str.

29. R: RM, str alle M, wie sie erscheinen bis 5 M vor Ende, str 3 M rechts zus, 1 M links, RM. (= 24/26/30/40/52 M)

30. R: Wie die 2. R str.

31. R: RM, str alle M, wie sie erscheinen, wobei du die doppelten linken M links zusstr, RM. (= 21/23/26/33/41 M)

32. R: RM, str alle M, wie sie erscheinen, RM.
Str die 32. R für weitere 8/9/10/11/12 cm.
Alle M abk.

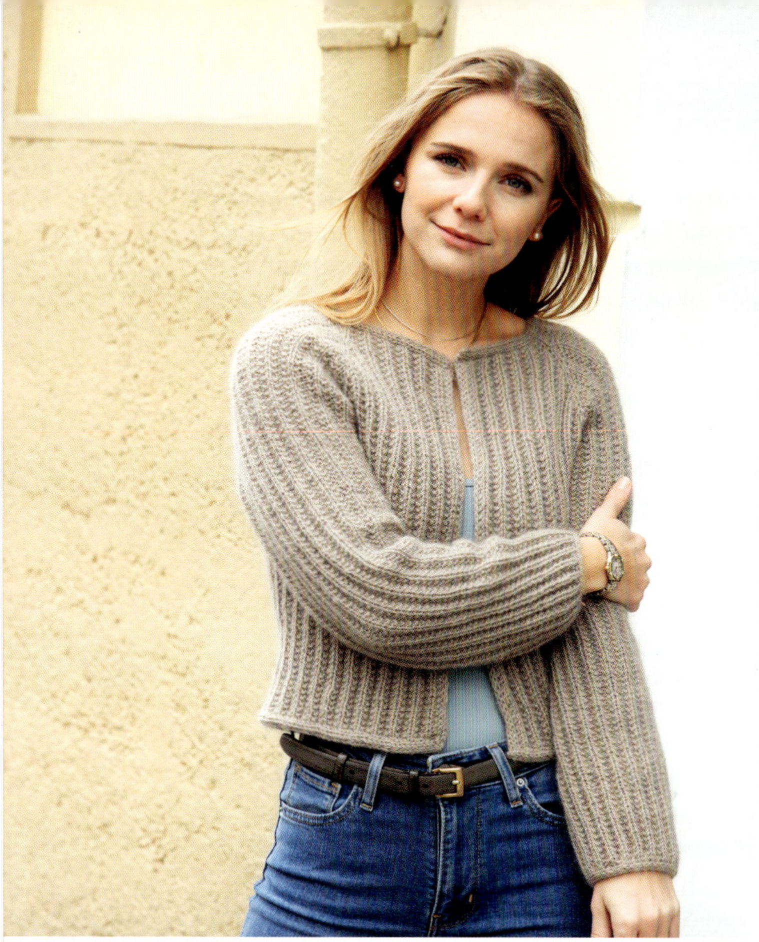
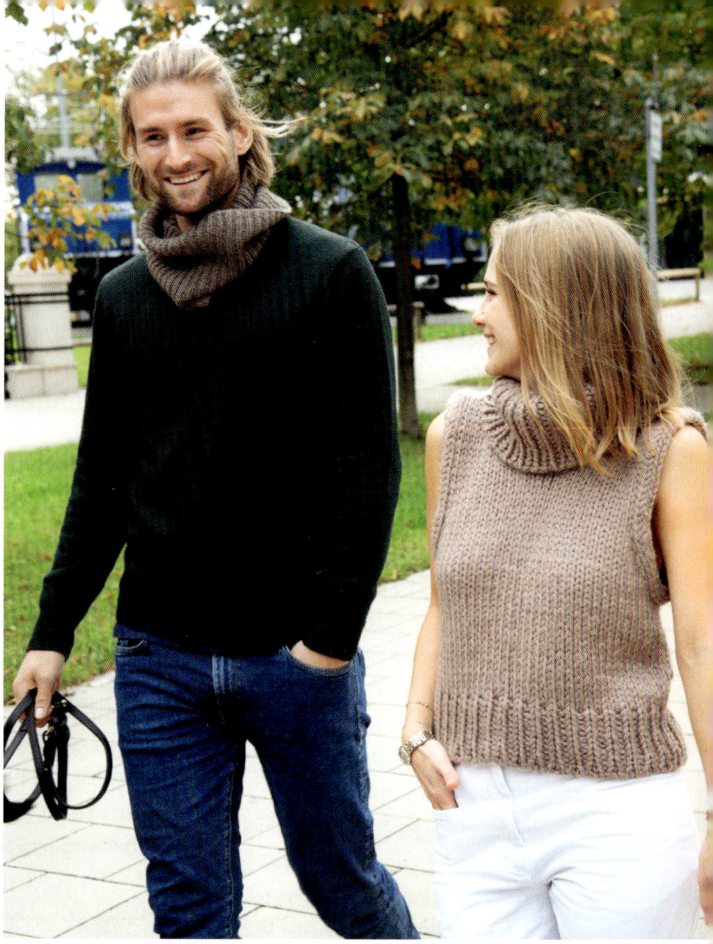
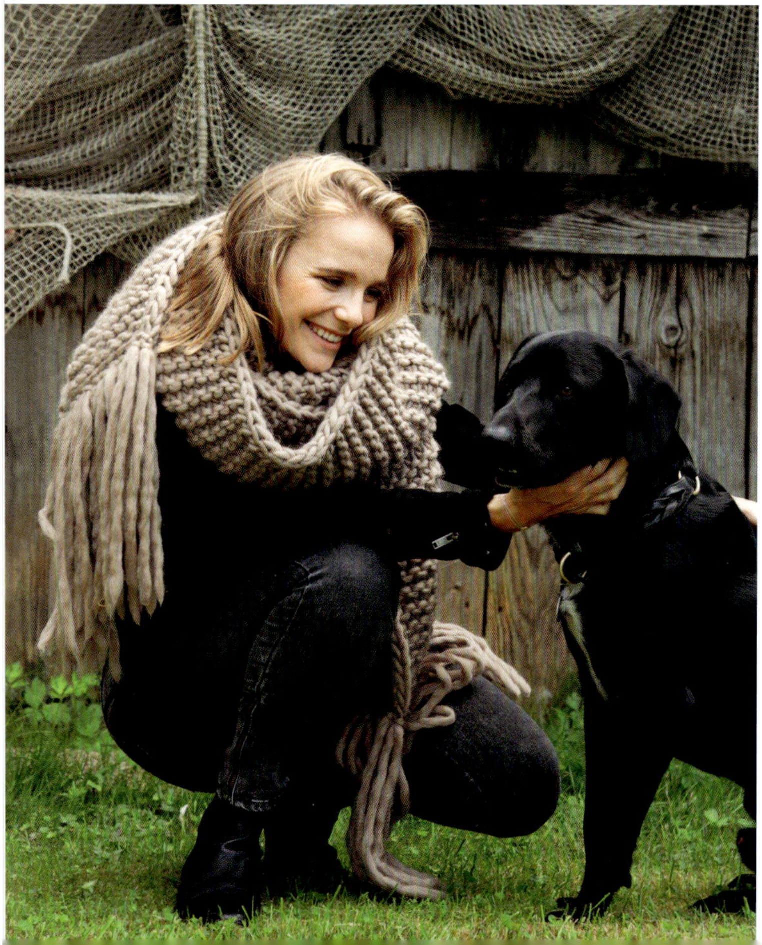
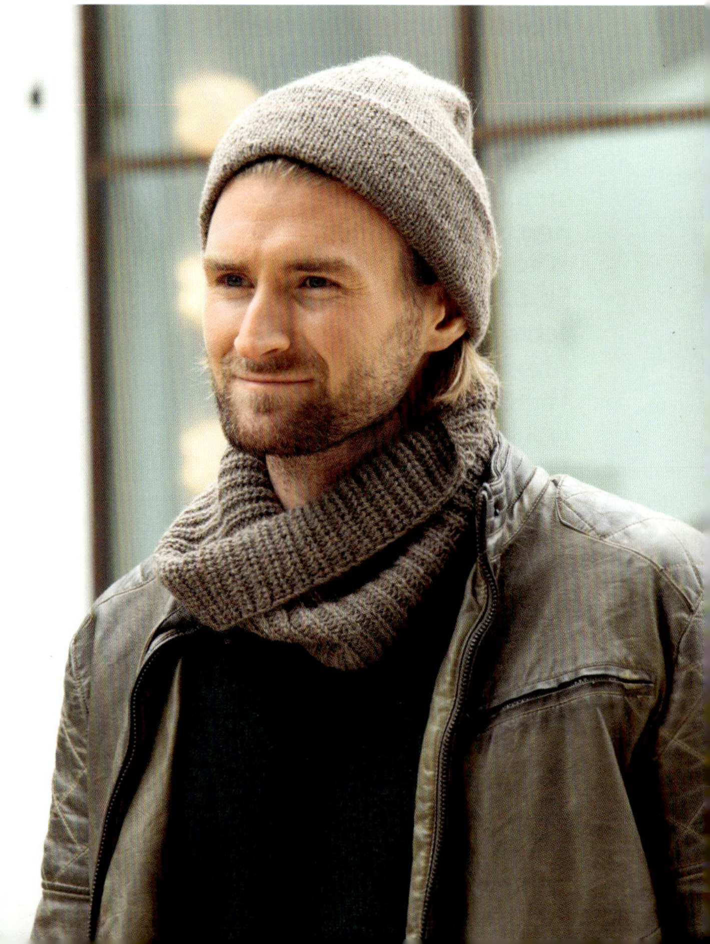

–03–

HERBST

Langsam wird es kühler und es ist umso schöner, sich in kuschelige Strickteile zu hüllen. Die folgenden Modelle sind darum echte Herbst-Must-Haves.

HUG SCARF

– CHUNKY XXL-SCHAL MIT FANSEN –

GRÖSSE

Breite: 24 cm

Länge: 180 cm (einfach an deine Wunschlänge anpassen) + Fransen

MATERIAL

× we are knitters The Wool (100 % Schafwolle, LL 80 m/200 g) in Taupe, 600 g

× Stricknadeln 15,0 mm

× Häkelnadel mind. 8,0 mm fürs Einknüpfen der Fransen

× Vernähnadel

GRUNDMUSTER

Kraus rechts in R:
Hin- und Rück-R stets rechte M str.

Randmaschen:
I-Cord.

Jede R: Ersten 2 M wie zum Linksstr auf die rechte Nd abh, Arbeitsfaden dabei hinter der Arbeit halten, die letzten 2 M links str.

Maschenprobe:
Kraus rechts mit Nd 15,0 mm: 6 M und 10 R = 10 cm x 10 cm

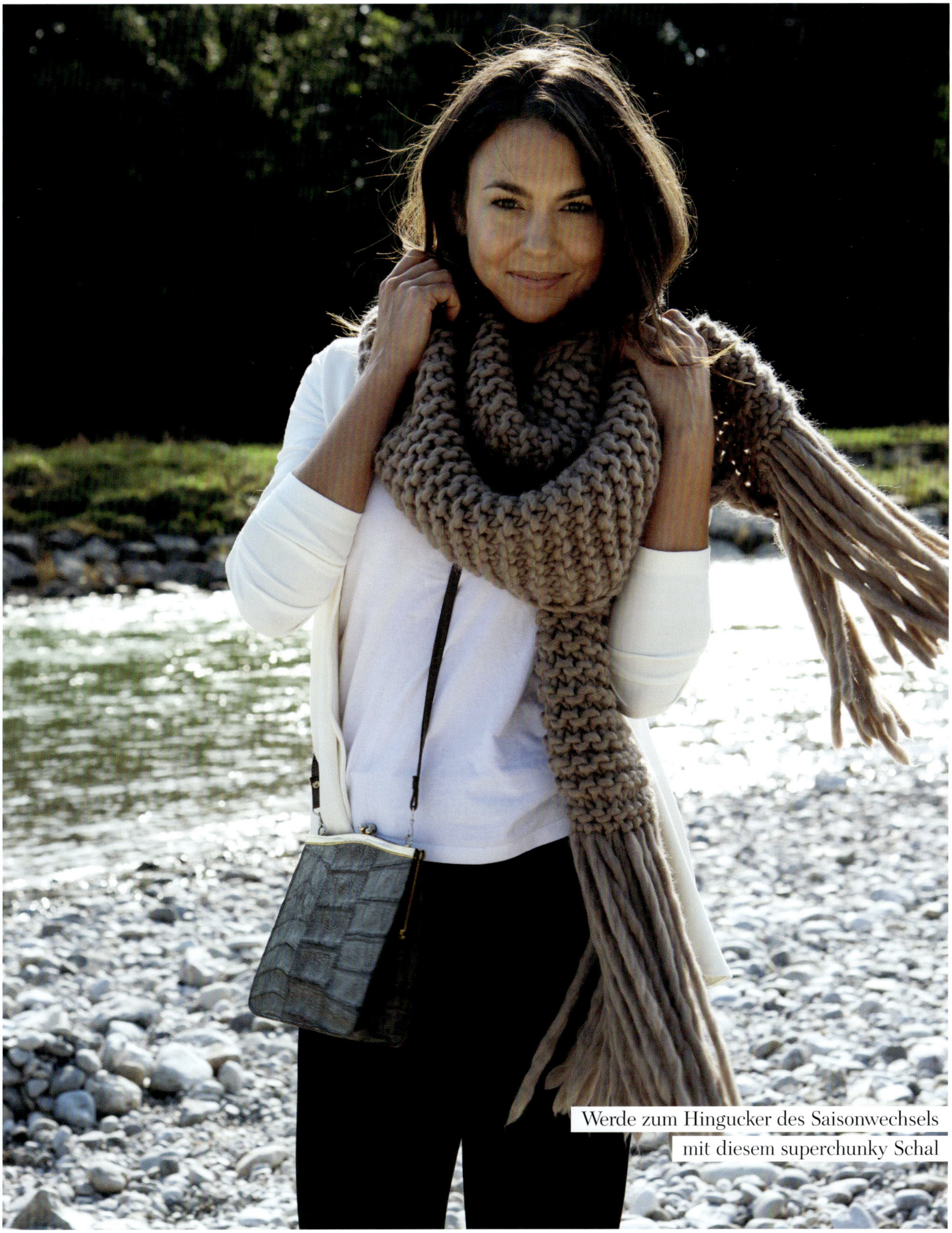

Werde zum Hingucker des Saisonwechsels mit diesem superchunky Schal

ANLEITUNG

Mit Nd 15,0 mm 17 M anschl.

1. R: Str 15 M rechts, 2 M links.
2. R: Hebe 2 M wie zum Linksstr auf die rechte Nd, str 13 M rechts, str 2 M links.

Wdh 2. R bis das Strickstück 180 cm misst.

Alle M abk.

Fertigstellung:

Alle Fäden vernähen.

Schneide das Garn 34 x in einer Länge von 60 cm zurecht. Falte einen Faden in der Mitte, steche mit der Häkelnadel in eine M der Anschlags- oder Abkettkante ein. Hole die Schlaufe mit der Häkelnadel durch die M, anschließend durch diese Schlaufe die beiden Fadenenden bringen und zuziehen. Wdh den Schritt bis du 17 Fransen (mit 2 Fadenenden) je Anschlag- und Abkettkante eingeknüpft hast. Abschließend kannst du mit der Schere die Fransen auf gleiche Länge zurechtschneiden.

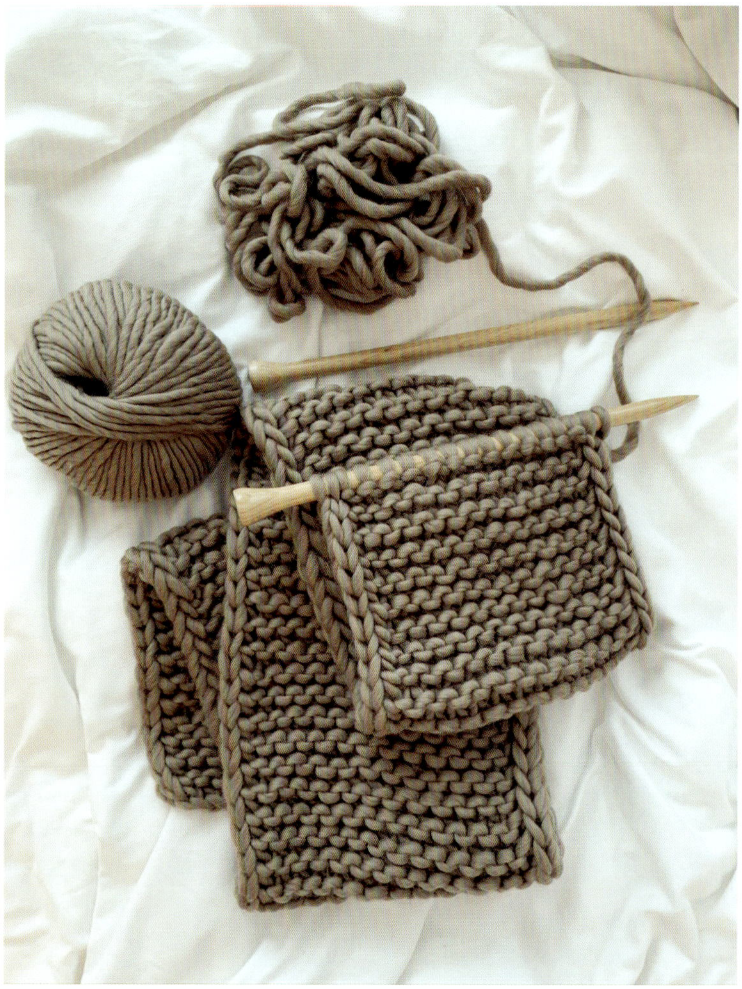

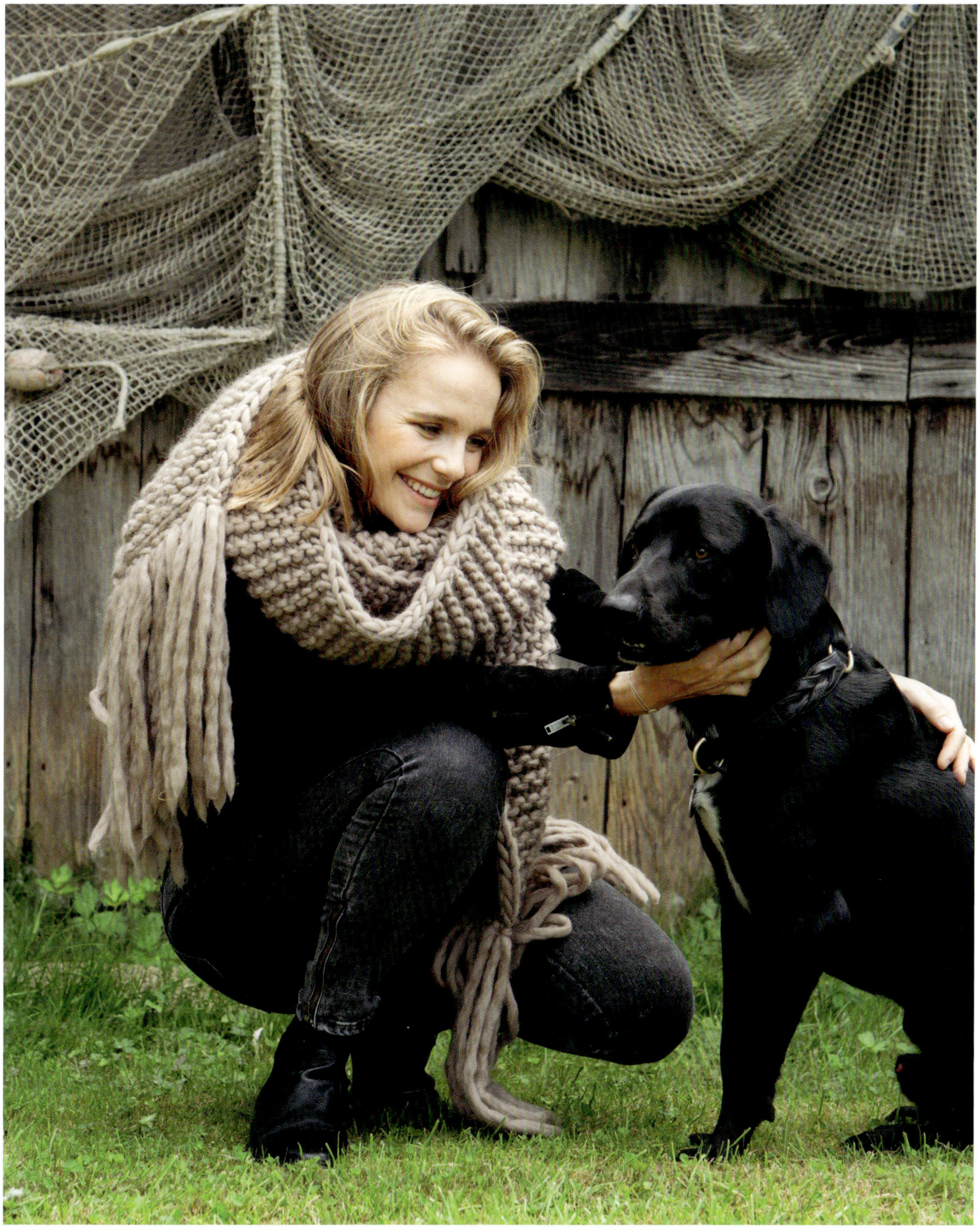

SEASONS SLIPOVER

– PULLUNDER MIT ROLLKRAGEN –

GRÖSSE

XS, S, M, L, XL

HINWEIS: *Die Angaben für die einzelnen Größen stehen von der kleinsten bis zur größten Größe (XS–XL) hintereinander, durch Schrägstriche getrennt. Steht nur eine Angabe, gilt diese für alle Größen.*

Brustumfang:
85/90/100/110/120 cm

Armausschnitt:
25/27/28/28/30 cm

Sitz:
Regular Fit, tiefer Armausschnitt

MATERIAL

- Wooladdicts by Lang-Yarns Fire (98% Merino, 2% Polyester, LL 75 m/100 g) in Beige (Fb 26), 400/400/500/500/600 g
- Rundstricknadel 10,0 mm (80 cm)
- Vernähnadel

GRUNDMUSTER

Glatt rechts in Runden:
Stets rechte M str.

Glatt rechts in Reihen:
1. R: Alle M rechts str.
2. R: Alle M links str.

Bündchenmuster:
1/1-Rippe in Rd: 1 M rechts, 1 M links im Wechsel str.

Randmasche:
In Hin- und Rück-R immer erste und letzte M rechts str.

Maschenprobe:
Glatt rechts mit Nd 10,0 mm: 9 M und 11 R = 10 cm x 10 cm

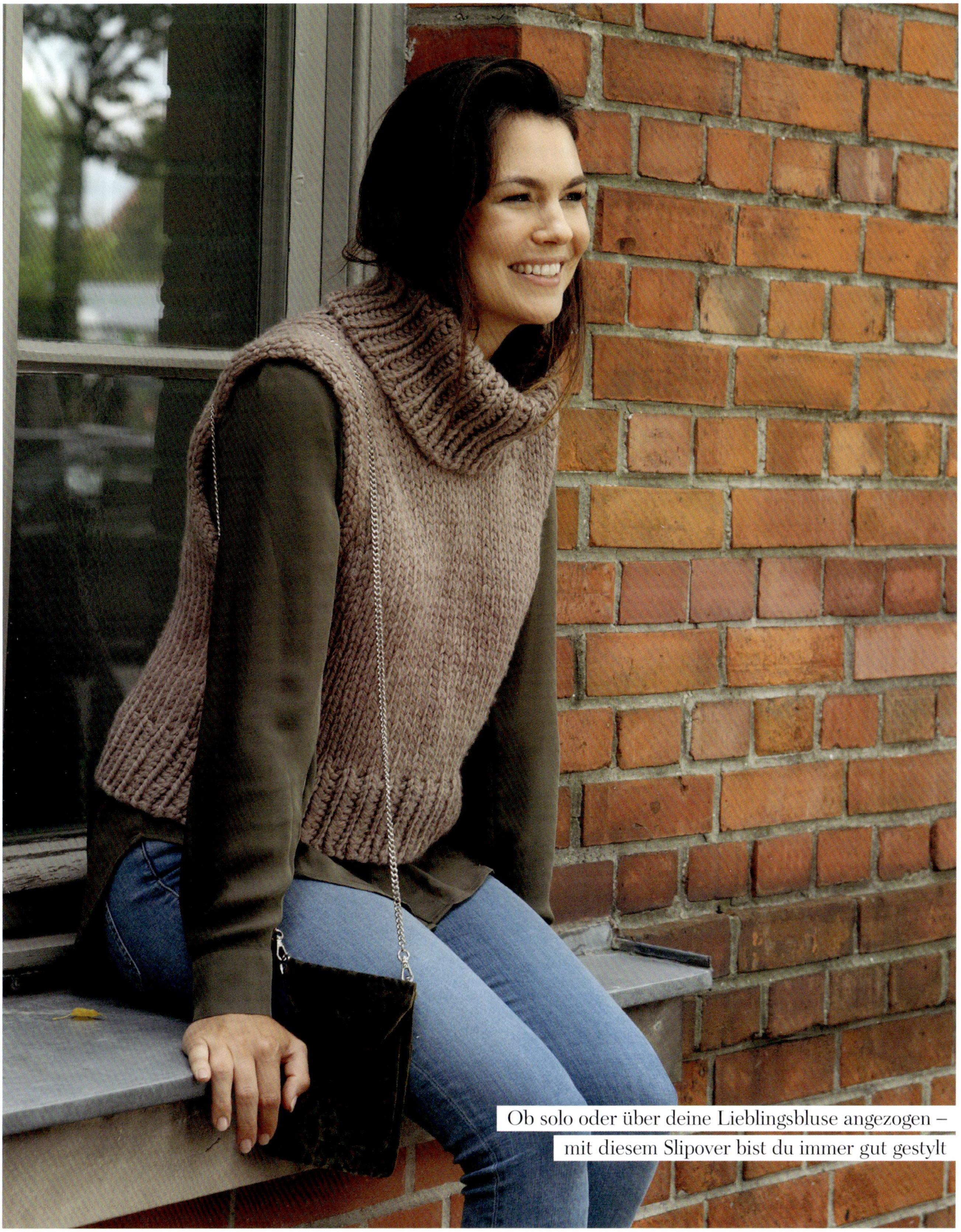

Ob solo oder über deine Lieblingsbluse angezogen – mit diesem Slipover bist du immer gut gestylt

1. R: Str alle M des rechten Vorderteils rechts, schlage 3/3/4/4/3 neue M an, str alle M des linken Vorderteils rechts. (= 27/29/32/32/33 M)

Str 8 R glatt rechts.

Str nun die Zun unter dem Arm, siehe Rückteil. (= 33/37/42/42/45 M)

Das Vorder- und Rückteil werden nun zusammengeführt, wobei zwischen Vorder- und Rückteil neue M angeschlagen werden:

Str Vorderteil-M rechts, 2/2/2/4/4 M anschl, str Rückteil-M rechts, 2/2/2/4/4 M anschl, MM setzen. (= 70/78/86/94/100 M)

Str glatt rechts bis das Strickstück ca. 41/42/45/47/48 cm misst.

Bündchen:

Str 8 cm im Bündchenmuster.

Alle M elastisch/italienisch abk.

Rollkragen:

Leg den Pullunder auf rechts mit dem Bündchen nach oben zeigend vor dir hin. Starte mit dem Aufnehmen der M an der rechten Schulter: Nimm 13/13/14/16/17 M entlang des Rückteils, 11/11/13/13/15 M entlang des linken Vorderteils, 3/3/4/4/3 M mittig, 11/11/13/13/15 M entlang des linken Vorderteils auf. (= 38/38/44/46/50 M)

Str im Bündchenmuster 22/24/30/32/34 Rd. Alle M elastisch/italienisch abk.

HINWEIS: Pass die Länge des Rollkragens ganz einfach an deine Präferenzen an. Du könntest einen kleinen Kragen kreieren, indem du z. B. nach 4 R abk. Du könntest auch nach 8 R abk, den Kragen nach innen umschlagen und an der Innenseite auf links annähen.

I-Cord-Armausschnitt:

Pullunder auf rechts hinlegen, beginne mit dem Aufnehmen der M unter dem Arm. Nimm 1 M unter dem Arm auf, je 26/28/29/29/31 M aus Vorder- und Rückteil, 1 M unter dem Arm. (= 54/58/60/60/64 M)

3 zusätzliche M str:
Str 1 M rechts, lass die M aber auf der linken Nadel und heb die neue M auf die linke Nadel. Wdh diesen Schritt noch 2 x. Du hast 3 weitere M erzeugt, die sich zusätzlich auf der linken Nadel befinden.

* Str 2 M rechts, str 2 M durch das hintere M-Glied rechts zus, hebe die 3 M wieder auf die linke Nadel *, von * bis * wdh nur noch 3 M auf der linken Nadel übrig sind. Versuche recht fest zu str.

M nicht abk, sondern mit dem Maschenstich die 3 M mit den 3 M der Anschlagkante zusammennähen.

Wdh diesen Abschnitt für den anderen Armausschnitt.

Fertigstellung:

Alle Fäden sauber vernähen. Den Pullunder auf links blocken, dabei den Rollkragen ausklappen.

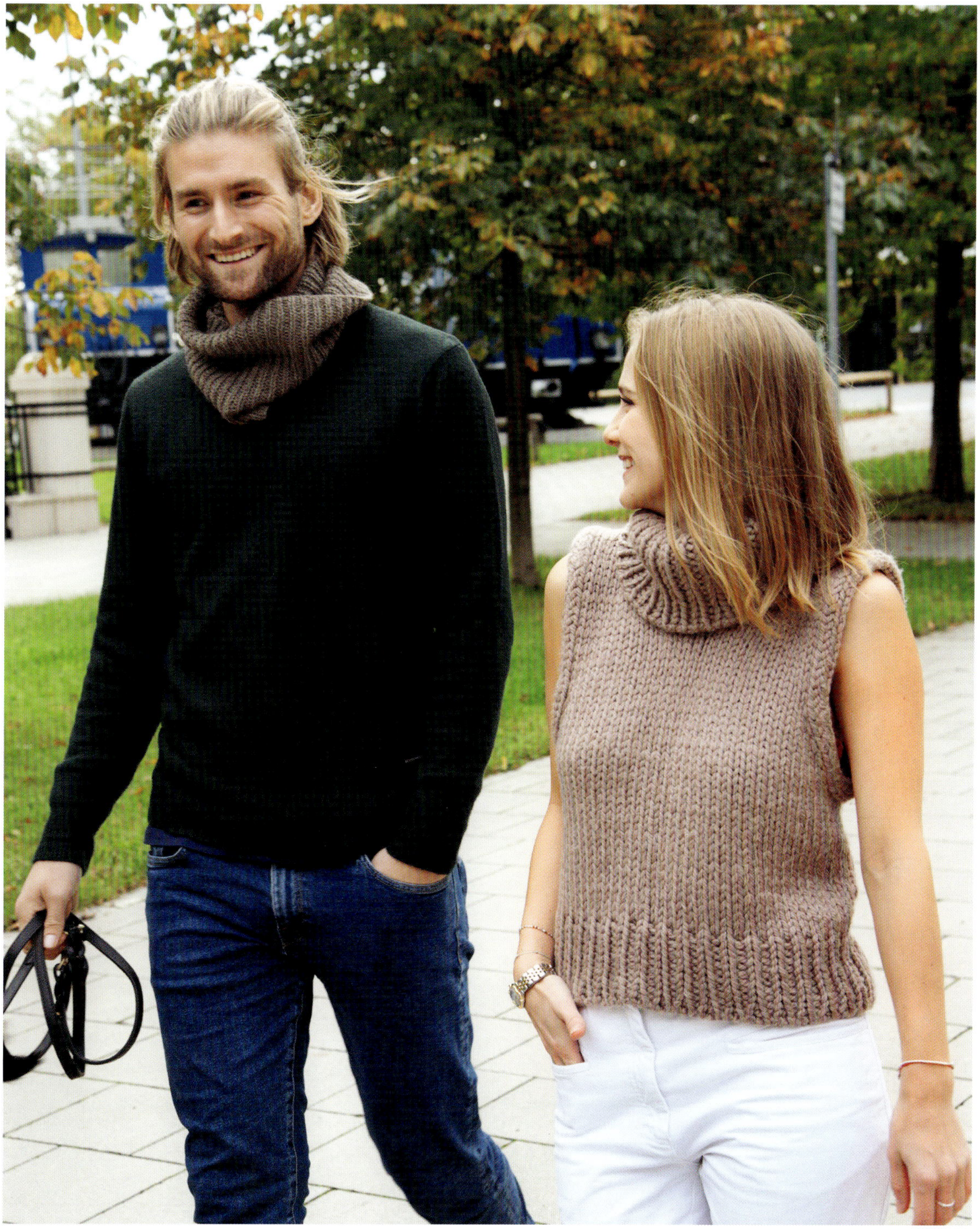

CHARMING CARDIGAN

– RAGLANJACKE IM RIPPEN-PERLMUSTER –

GRÖSSE

XS, S, M, L, XL

HINWEIS: *Die Angaben für die einzelnen Größen stehen von der kleinsten bis zur größten Größe (XS–XL) hintereinander, durch Schrägstriche getrennt. Steht nur eine Angabe, gilt diese für alle Größen.*

Brustumfang: 92/102/112/120/130 cm

Ärmelbreite: 18/20/21,5/23/24,5 cm

Sitz:
Regular Fit, boxy Shape

MATERIAL

- Lamana Como (100 % Merinowolle, LL 120 m/25 g) in Muskat (Fb 47), 175/200/250/275/325 g
- zusammen mit: Lamana Premia (60 % Mohair, 40 % Seide, LL 300 m/25 g) in Muskat (Fb 47), 75/75/100/125/125 g
- Rundstricknadel 5,0 mm (80 cm), alternativ Nadelspiel für die Ärmel anstatt Magic-Loop-Methode
- Vernähnadel

GRUNDMUSTER

Rippen-Perlmuster in R (Hauptmuster):
1. R: 3 M rechts, * 1 M links, 3 M rechts *, von * bis * wdh bis Ende.
2. R: 1 M rechts, * 1 M links, 3 M rechts *, von * bis * wdh bis 2 M vor Ende, 1 M links, 1 M rechts.

HINWEIS: *M-Anzahl muss ein Vielfaches von 4 + 3 sein.*

Rippen-Perlmuster in Rd:
1. Rd: 2 M rechts, * 1 M links, 3 M rechts *, von * bis * wdh bis 2 M vor Rd-Ende, 1 M links, 1 M rechts.

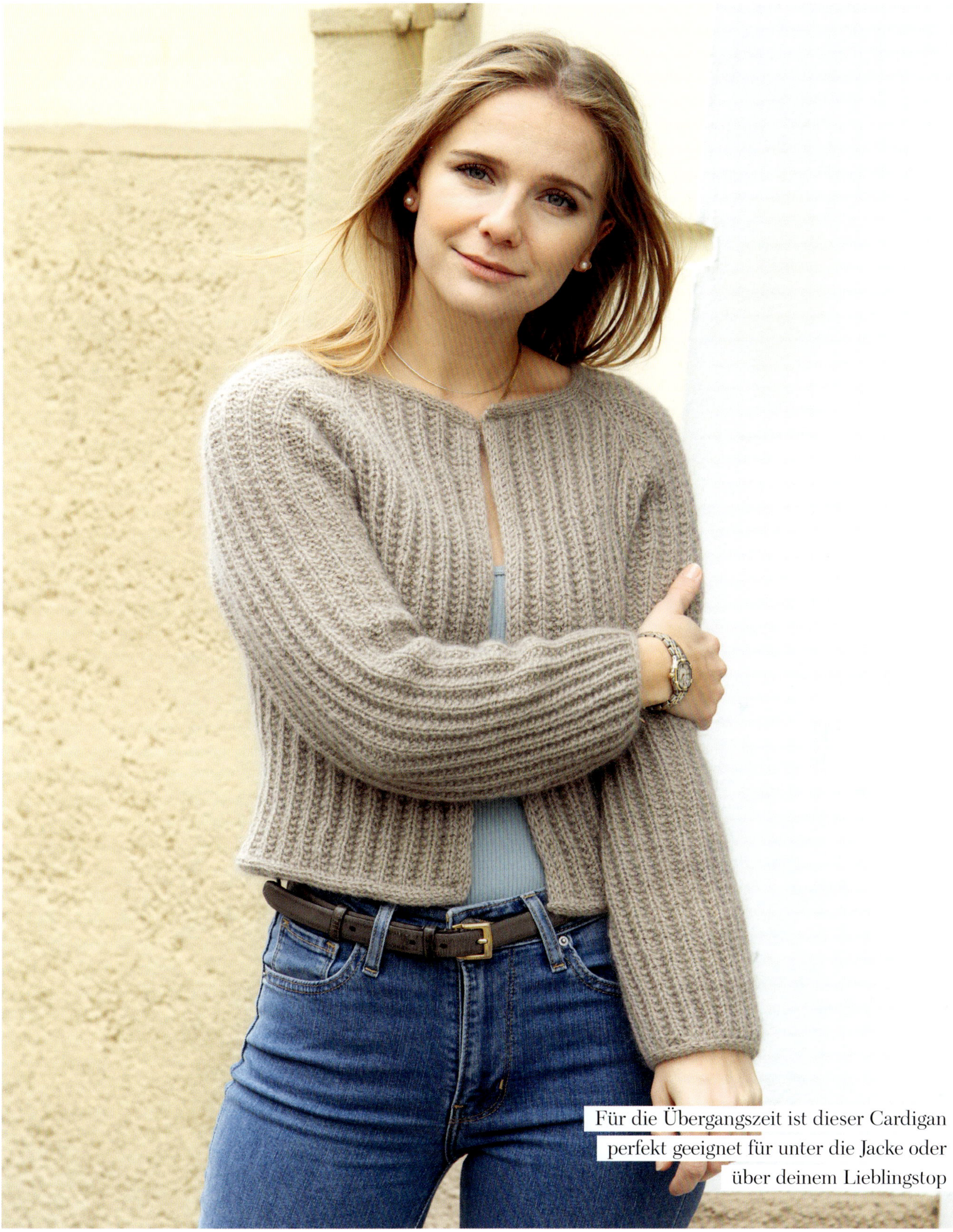

Für die Übergangszeit ist dieser Cardigan perfekt geeignet für unter die Jacke oder über deinem Lieblingstop

2. Rd: * 1 M rechts, 3 M links *, von * bis * Rd-Ende.

Randmaschen (RM) der Vorderteile:

Hin-R: 3 M abh, dabei Arbeitsfaden hinter Arbeit, die letzten 3 M rechts.

Rück-R: 3 M abh, dabei Arbeitsfaden vor Arbeit, die letzten 3 M links.

Maschenprobe:

Rippen-Perlmuster in R Nd 5,0 mm: 18 M und 23 R = 10 cm x 10 cm

ANLEITUNG

Die Strickjacke wird doppelfädig von oben nach unten gestr. Die Raglan-Zun erfolgen in R, anschließend werden Ärmel und Körper in Rd gestr. Zum Schluss werden M entlang der Anschlagkante aufgenommen und zu einem I-Cord-Kragen gestr.

HINWEIS: *Die Raglan-Zun erfolgen in den Hin-R und es werden in jeder Zun-R bei 4 Raglan-Schrägen je 2 Zun = 8 Zun gestr.*

Körper:

Mit der Rundstrick-Nd 5,0 mm 97/117/137/157/181 M anschl.

1. R: 6 M rechts, * 1 M links, 3 M rechts *, von * bis * wdh bis bis 3 M vor Ende, 3 M rechts.

2. R: RM, 1 M rechts, * 1 M links, 3 M rechts *, von * bis * wdh bis 5 M vor Ende, 1 M links, 1 M rechts, RM.

3. R: RM, 3 M rechts, * 1 M links, 3 M rechts, ab * wdh 3 M vor Ende, RM.

4. R: Wie die 2. R str.

5. R: Wie die 3. R str.

6. R: Wie die 2. R str.

Platziere MM wie folgt: 20/24/28/32/36 M linkes Vorderteil, 1. MM, 16/20/24/28/32 M linker Ärmel, 2. MM, 24/28/32/36/44 M Rückteil, 3. MM, 16/20/24/28/32 M rechter Ärmel, 4. MM, 21/24/29/33/37 M rechtes Vorderteil. MM immer vor rechter M.

Raglan-Zunahmen:

HINWEIS: *Die Strickschrift findest du ab S. 105.*

1. R: RM, 3 M rechts, (**) * 1 M links, 3 M rechts *, von * bis * wdh bis 2 M vor MM, 1 M links, 1 M rechts, 1 M rechts-gen aus QF zun, MM abh, 1 M rechts, 1 M links gen aus QF zun, 1 M rechts, ab (**) noch 3x wdh, * 1 M links, 3 M rechts *, von * bis * wdh bis 3 M vor Ende, RM. (= 105/125/145/165/189 M)

2. R: RM, 1 M rechts, (**) * 1 M links, 3 M rechts *, von * wdh bis * 2 M vor MM, 2 M links, MM abh, ab (**) noch 3x wdh, * 1 M links, 3 M rechts *, von * bis * wdh bis 5 M vor Ende, 1 M links, 1 M rechts, RM.

3. R: RM, 3 M rechts, (**) * 1 M links, 3 M rechts *, von * bis * wdh bis 3 M vor MM, 1 M links, 2 M rechts, 1 M rechts-gen aus QF zun, MM abh, 1 M rechts, 1 M links gen aus QF zun, 2 M rechts, ab (**) noch 3x wdh, * 1 M links, 3 M rechts *, von * bis * wdh bis 3 M vor Ende, RM. (= 113/133/153/173/197 M)

4. R: RM, (**) 1 M rechts, * 1 M links, 3 M rechts *, von * bis * 3 M vor MM, 1 M links, 1 M rechts, 1 M links, MM abh, ab (**) noch 3x wdh, * 1 M links, 3 M rechts *, von * bis * wdh bis 5 M vor Ende, 1 M links, 1 M rechts, RM.

5. R: RM, (**) 3 M rechts, * 1 M links, 3 M rechts *, von * bis * wdh bis MM, 1 M rechts-gen aus QF zun, MM abh, 1 M rechts, 1 M links gen aus QF zun, ab (**) noch 3x wdh, * 1 M links, 3 M rechts *, von * bis * wdh bis 3 M vor Ende, RM. (= 121/141/161/181/205 M)

6. R: RM, 1 M rechts, (**) * 1 M links, 3 M rechts *, von * wdh bis * 4 M vor MM, 1 M links, 2 M rechts, 1 M links, MM abh, 2 M rechts, ab (**) noch 3x wdh, * 1 M links, 3 M rechts *, von * bis * wdh bis 5 M vor Ende, 1 M links, 1 M rechts, RM.

7. R: RM, 3 M rechts, (**) * 1 M links, 3 M rechts *, von * bis * wdh bis 1 M vor MM, 1 M links, 1 M rechts-gen aus QF zun, MM abh, 1 M rechts, 1 M links gen aus QF zun, ab (**) noch 3x wdh, * 1 M links, 3 M rechts *, von * bis * wdh bis 3 M vor

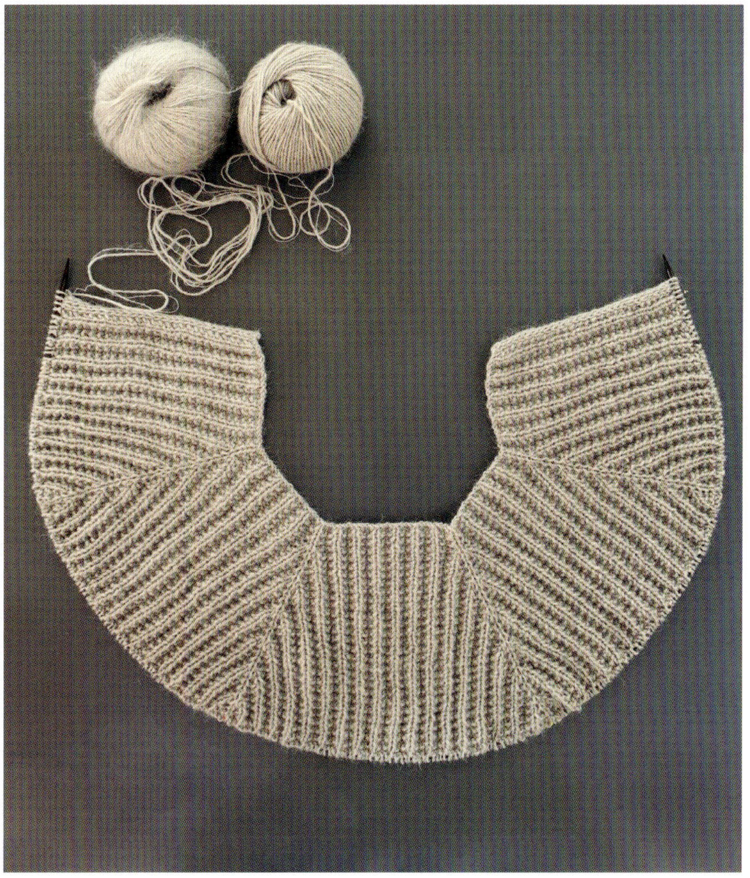

Ende, RM. (= 129/149/169/189/213 M)

8. R: RM, 1 M rechts, (**) * 1 M links, 3 M rechts *, von * wdh bis * 1 M vor MM, 1 M links, MM abh, 3 M rechts, ab (**) noch 3x wdh, * 1 M links, 3 M rechts *, von * bis * wdh bis 5 M vor Ende, 1 M links, 1 M rechts, RM.

Die 1.–8. R insgesamt 3x str, d.h. du hast 24 R mit Zun gestr. Nun solltest du insgesamt 289/309/329/349/373 M haben, die wie folgt verteilt sind: 44/48/52/56/60 M linkes Vorderteil, 1. MM, 64/68/72/76/80 M linker Ärmel, 2. MM, 72/76/80/84/92 M Rückteil, 3. MM, 64/68/72/76/80 M rechter Ärmel, 4. MM, 45/49/53/57/61 M rechtes Vorderteil.

Str im Hauptmuster für weitere 6/6/10/12/16 R. MM bei Erreichen immer abh, aber nicht entfernen. Beende mit Rück-R des Hauptmusters.

TWIST SNOOD

– SCHLAUCHSCHAL IN HALBPATENT MIT VERDREHUNG –

GRÖSSE

Höhe: 25 cm
Breite: 55 cm
(vor Zusammennähen)

HINWEIS: Die passende Partner Beanie findest du auf S. 118.

MATERIAL

× Isager Alpaca 2 (50 % Merino, 50 % Alpaka, LL 250 m/50 g) in Braun meliert (Fb E7S), 100 g

HINWEIS: Der Snood wird doppelfädig gestr. Die Garnmenge bezieht sich auf die insgesamt benötigte Menge.

× Stricknadeln 5,0 mm

× Vernähnadel

GRUNDMUSTER

Halbpatent mit tiefergestochenen M

1. R (Rück-R): 1 RM, * 1 M links, 1 Masche rechts *, von * bis * wdh bis 2 M vor Ende, 1 M links, 1 RM.

2. R (Hin-R): 1 RM, * 1 M rechts, dabei 1 R tiefer einstechen, 1 M links * , von * bis * wdh bis 2 M vor Ende, 1 M rechts, 1 RM.

Randmaschen:
Erste und letzte M immer rechts str.

Maschenprobe:
Halbpatent mit Nd 5,0 mm: 15 M und 21 R = 10 cm x 10 cm (doppelfädig)

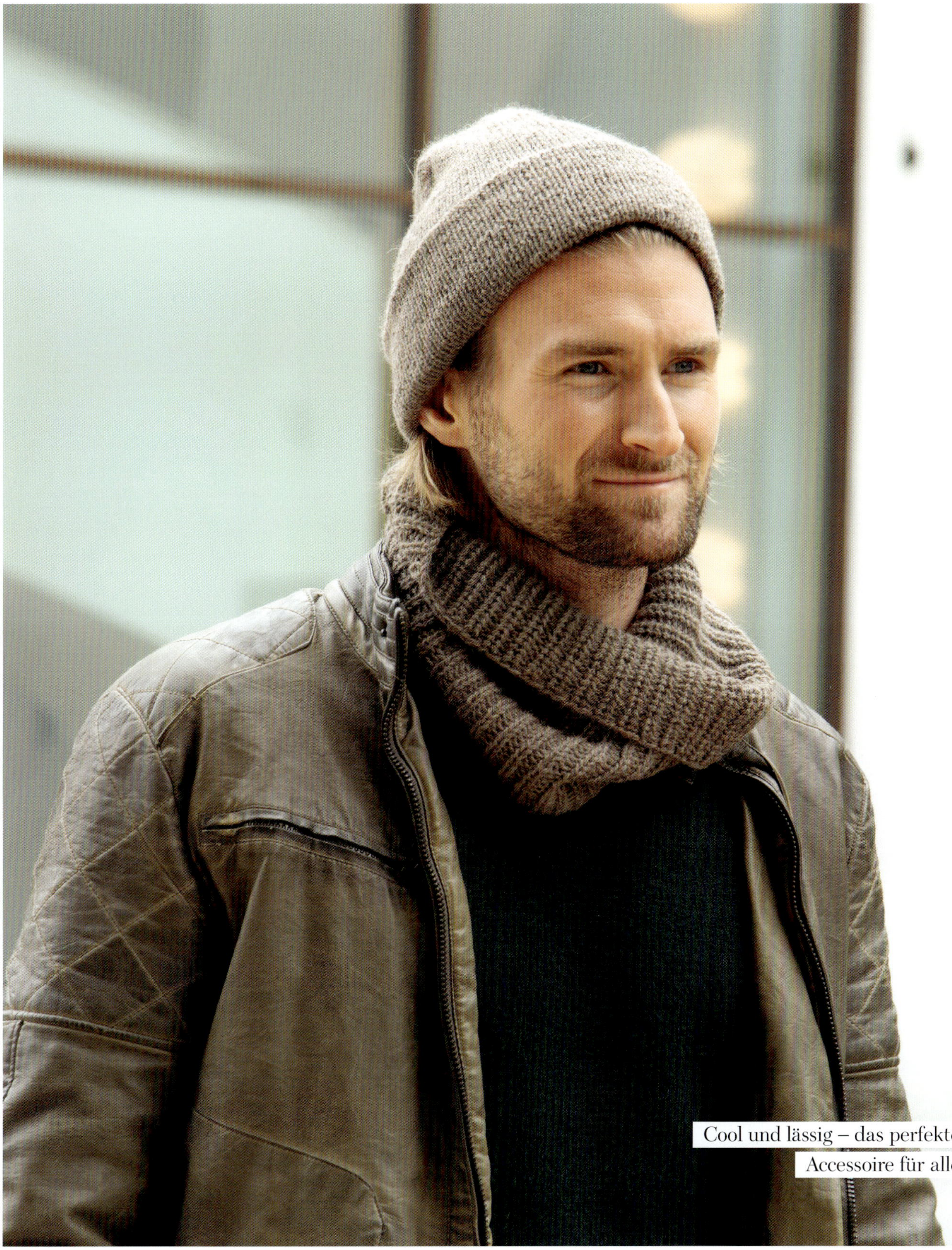

Cool und lässig – das perfekte Accessoire für alle

ANLEITUNG

Es werden die M der langen Seite angeschl und der Snood wird von unten nach oben in R gestr. Abschließend kann das Strickstück mit oder ohne Twist zum Schlauchschal zusammengenäht werden.

Mit der Strick-Nd 5,0 mm 96 M anschl.

Str im Grundmuster bis das Strickstück 25 cm misst. Passe die Länge ganz nach deinem Belieben an.

Alle M abk.

Fertigstellung:

Das Strickstück als Rechteckfläche blocken und anschließend die kurzen Seiten zusammennähen. Entscheide selbst, ob du den Snood gerne mit oder ohne Twist haben möchtest. Durch den Twist kommt die ebenfalls schöne Rückseite des Halbpatents zur Geltung. Alle Fäden vernähen.

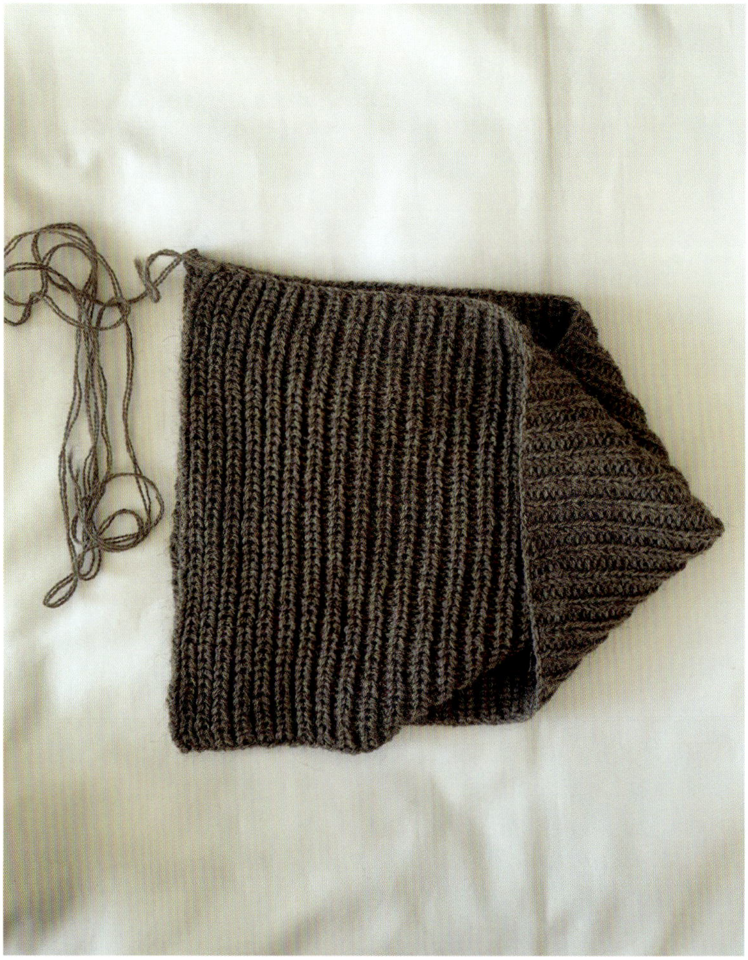

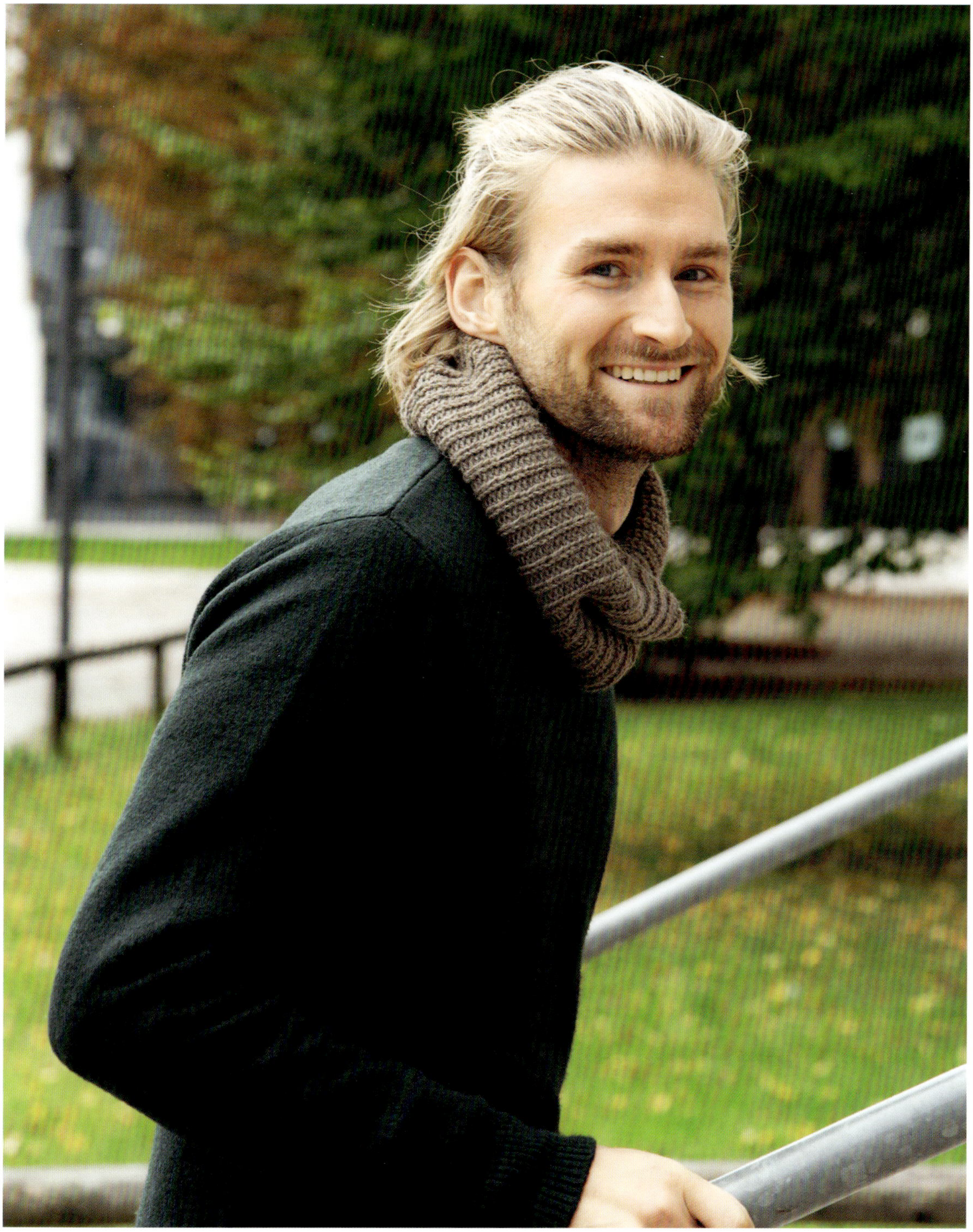

TWIST SNOOD

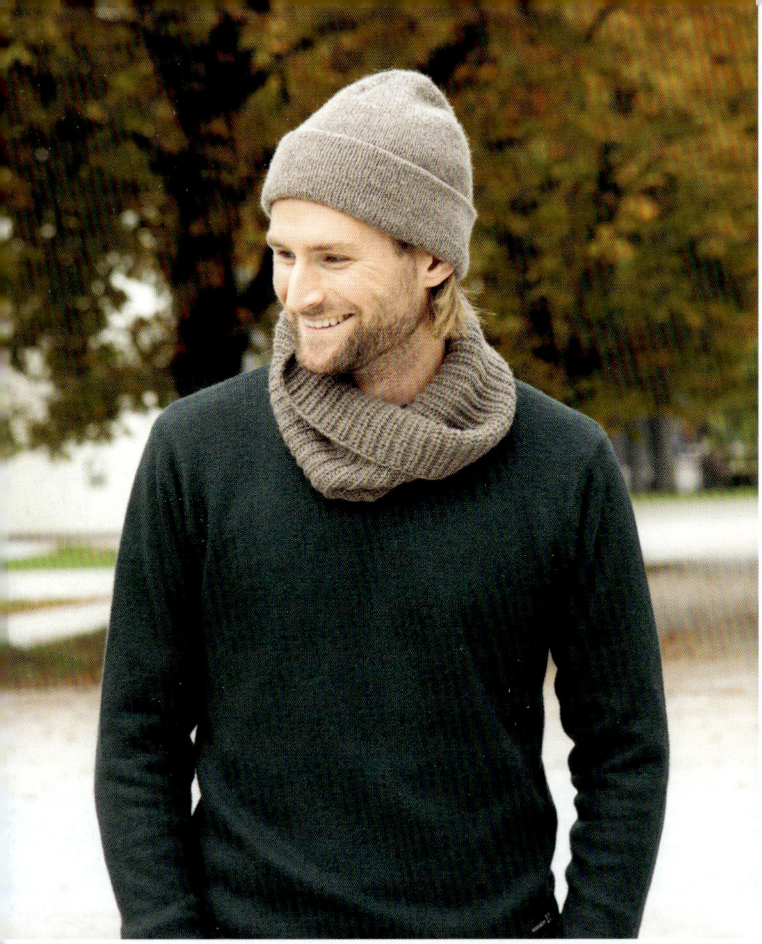
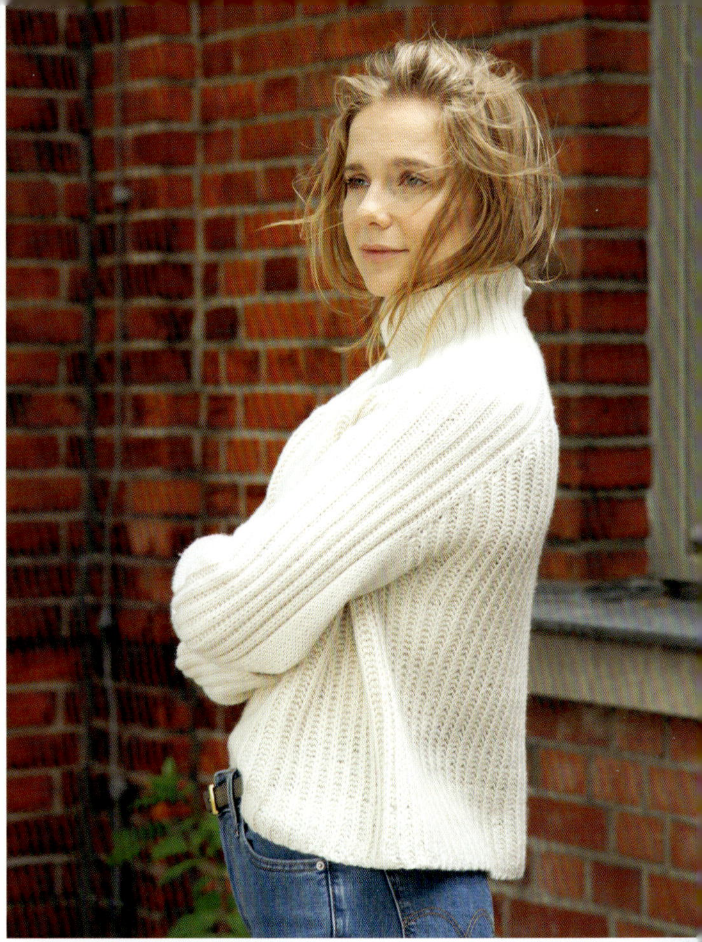
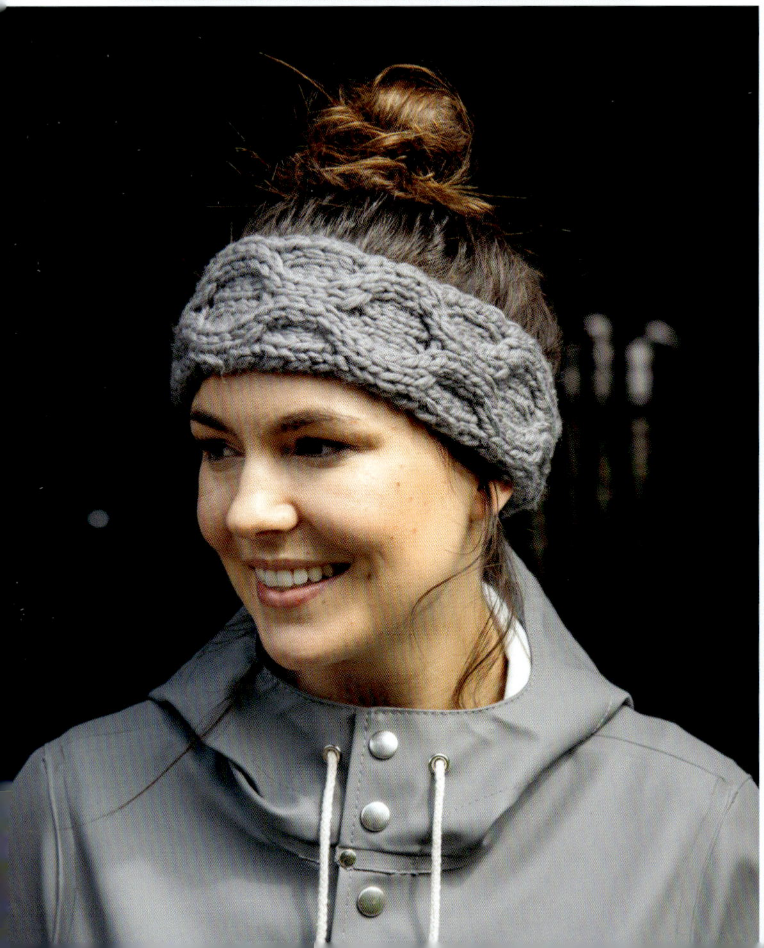
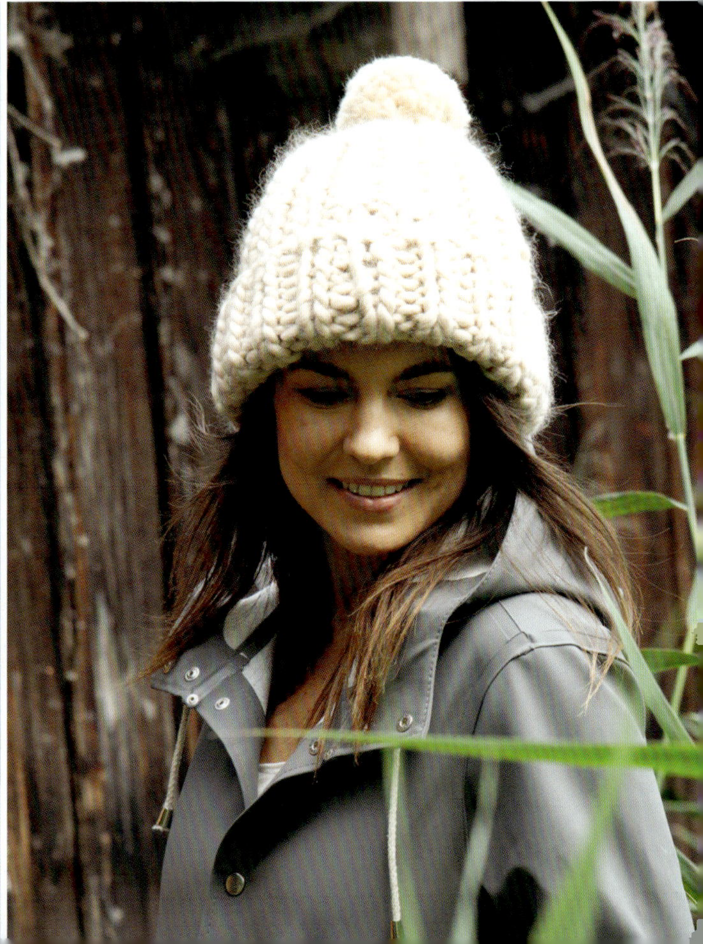

—04—

WINTER

Winterzeit ist Strickzeit! Wer es sich also nicht gerade mit seinem Garn auf dem Sofa gemütlich macht, sondern raus in die Kälte stapfen will, der wird diese Modelle lieben.

MINIMAL SWEATER

– PULLOVER IN PATENTSTRICK MIT ROLLKRAGEN –

GRÖSSE

XS, S, M, L, XL

HINWEIS: *Die Angaben für die Größen stehen von der kleinsten bis zur größten Größe (XS–XL) hintereinander, jeweils durch Schrägstriche getrennt. Steht nur eine Angabe, gilt diese für alle Größen.*

Brustumfang:
98/108/116/124/130 cm

Ärmelbreite:
16/17/18/19/20 cm

Sitz:
Oversized, normale Ärmel

MATERIAL

- Lana Grossa Fourseason (45 % Schurwolle, 40 % Baumwolle, 15 % Kaschmir, LL 105 m/50 g) in Rohweiß (Fb 12), 450/450/500/550/600 g
- Rundstricknadel 4,0 mm und 5,0 mm (je 80 cm), alternativ jeweils Nadelspiel für Ärmel und Rollkragen
- Vernähnadel

GRUNDMUSTER

1/1-Rippenmuster (Rollkragen): 1 M rechts, 1 M links im Wechsel str.

2/2-Rippenmuster: verläuft von Rollkragen über Schulter bis zu den Ärmelbündchen. 2 M rechts, 2 M links im Wechsel str.

Klassisches Patentmuster in R (Körper):
(für Maschenprobe)

Vorbereitungs-R: 1 M mit U abh, 1 M rechts, im Wechsel str.
Alle weiteren R: * 1 M mit U abh, DM rechts *, von * bis * wdh bis Ende.

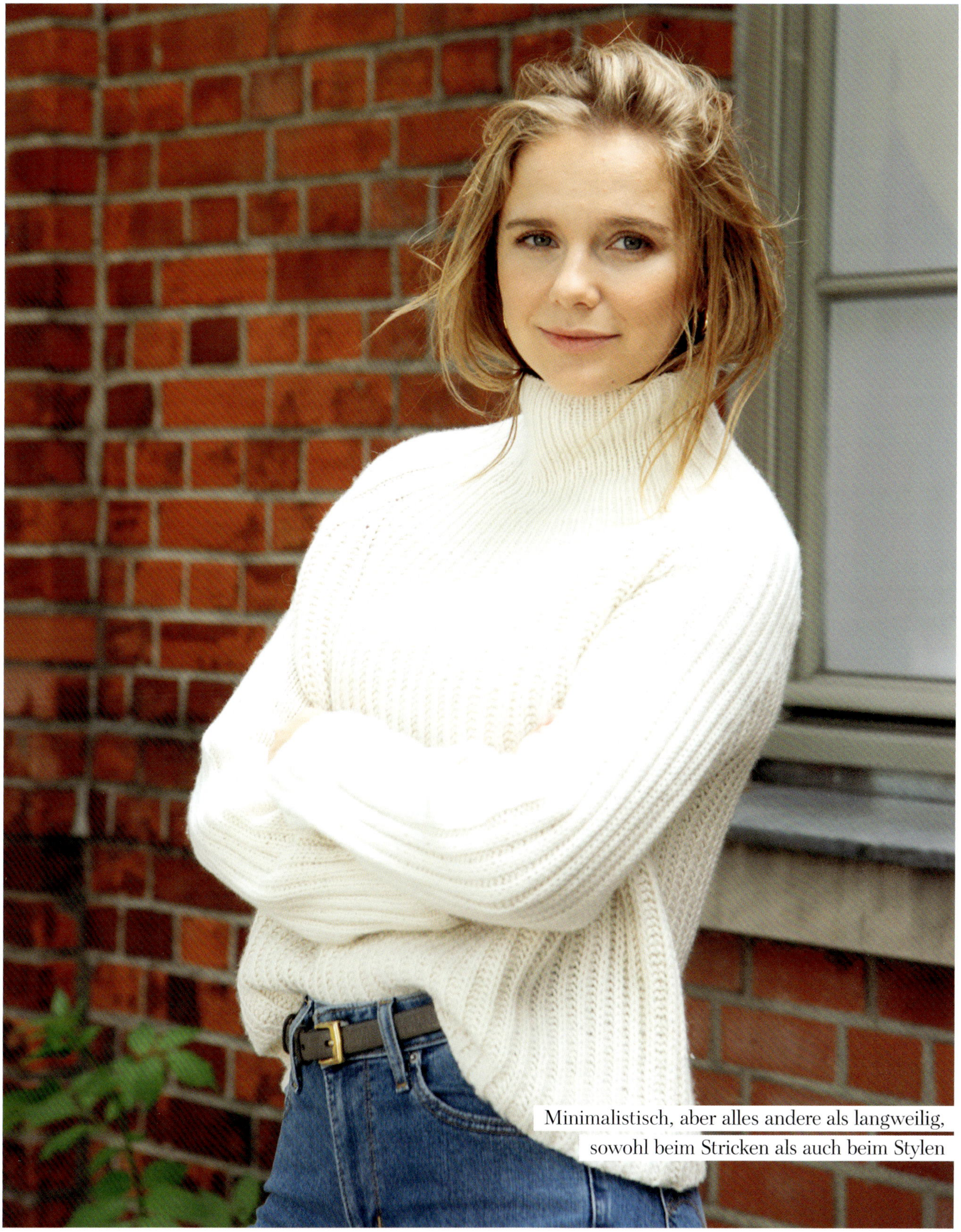

Minimalistisch, aber alles andere als langweilig, sowohl beim Stricken als auch beim Stylen

HINWEIS: R-Rapport weicht in der Anleitung aufgrund von Symmetriegründen des Patents ab, diese Abfolge nur für Maschenprobe verwenden.

Klassisches Patentmuster in Rd (Körper):

Vorbereitungs-Rd: * 1 M mit U abh, 1 M rechts *, von * bis * wdh.

1. Rd: * DM links zusstr, 1 M mit U abh *, von * bis * wdh.
2. Rd: * 1 M mit U abh. DM rechts *, von * bis * wdh.

Glatt rechts in Rd (Ärmel):

Stets rechte M str.

Randmaschen in R:

Knötchenrand: Str stets rechte M.

Maschenprobe:

Klassisches Patentmuster in R mit Nd 5,0 mm: 14 M und 38 R = 10 x 10 cm

HINWEIS: Im klassischen Patentmuster erscheinen 2 R wie 1 R.

Glatt rechts mit Nd 5,0 mm: 19 M und 22 R = 10 x 10 cm

ANLEITUNG

Der Pullover wird von oben nach unten gestr. Zunächst wird der Rollkragen in Rd gestr. Danach beginnt das Patentmuster in Rd wobei gleichzeitig Raglan-Zun gestr werden. Nach Abschluss der Raglan-Zun werden die M für die Ärmel stillgelegt und Vorder- und Rückteil des Körpers im Patentmuster in R gestr und anschließend wieder zur Rd geschlossen. Die Ärmel werden ebenfalls in Rd gestr. Es gibt kein Bündchenmuster, das Muster der Ärmel und des Körpers wird fortgeführt und lediglich durch den Wechsel auf Nd 4,0 mm wird eine Bündchenoptik kreiert.

Rollkragen:

Mit der Rundstrick-Nd 4,0 mm 122/136/140/148/160 M anschl, zur Rd schließen, MM setzen. (Raglan-Schräge rechte Schulter hinten.)

Die M wie folgt aufteilen: 26/30/30/34/38 M, MM, 39/41/43/43/45 M, MM, 26/30/30/34/38 M, MM, 31/35/37/37/39) M bis Rd-Anfang MM.

1. Rd: * 2/2-Rippe bis MM, 1/1-Rippe bis MM *, von * bis * wdh bis Rd-Ende. MM bei Erreichen abh.

Str 1. Rd ca. 55 Rd bzw. 16 cm.

1. R: * * 2/2-Rippe bis MM wdh, MM abh, 1 M links-gen aus QF rechts zun, * 1 M mit U abh, 1 M rechts *, von * bis * bis 1 M vor MM, 1 mit M U abh, 1 M rechts-gen aus QF rechts zun, MM abh, ab * * wdh bis Rd-Ende. (= 126/140/144/152/164 M)
2. R: * * 2/2-Rippe bis MM wdh, * 1 M mit U abh, DM links *, von * bis * wdh bis 1 M vor MM, 1 M mit U abh, ab * * wdh bis Rd-Ende. MM bei Erreichen abh.
3. R: * * 2/2-Rippe bis MM wdh, * DM rechts, 1 M mit U abh *, von * bis * wdh bis 1 M vor MM, DM rechts, ab * * wdh bis Rd-Ende. MM bei Erreichen abh.
4. R: * * 2/2-Rippe bis MM wdh, MM abh,1 M links-gen aus QF rechts zun, * 1 M

mit U abh, DM links *, von * bis * wdh bis 1 M vor MM, 1 M mit U abh, 1 M rechts-gen aus QF rechts zun, MM abh, ab * * wdh bis Rd-Ende. (= 130/144/148/156/168 M)

5. R: * * 2/2-Rippe bis MM wdh, MM abh, 1 M links-gen aus QF rechts zun, * 1 M U abh, DM rechts *, von * bis * wdh bis 1 M vor MM, 1 M mit U abh, 1 M rechts-gen aus QF rechts zun, MM abh, ab * * wdh bis Rd-Ende. (= 134/148/152/160/172 M)

Str 2.–5. Rd noch 9/9/10/11/12x. (= 194/212/224/240/260 M)

Vorderteil:
75/79/85/89/95 M,
Rückteil:
67/73/79/83/89 M,
Schultern unverändert
je 26/30/30/34/38 M.

Lege die Schulter-M still.

Rückteil:

Klassisches Patentmuster in R:

1. R (Rück-R): RM, * DM rechts, 1 M mit U abh *, von * bis * wdh bis 2 M vor MM, DM rechts, RM. Arbeit wenden.

2. R (Hin-R): RM, * 1 M mit U abh, DM rechts *, von * bis * wdh bis 2 M vor MM, 1 M U abh, RM.

Str 1.–2. R insgesamt 17/18/19/21/23x. Str 1. R noch 1x. Lege die M still.

Vorderteil:

Starte mit neuem Garn an der linken Raglan-Schräge des Vorderteils und str 1.–2. R des Rückteils insgesamt 17/18/19/21/23x.
Str 1. R noch 1x.

Vorder- und Rückteil zur Rd zustr:

Str Vorderteil-RM, * 1 M mit U abh, DM rechts *, von * bis * wdh bis 2 M vor MM, 1 M mit U abh, str letzte M des Vorderteils (RM) mit erster M des Rückteils (RM) rechts zus, * * 1 M mit U abh, DM rechts, ab * * wdh bis 2 M vor MM, 1 M mit U abh, str letzte M des Rückteils (RM) mit erster M des Vorderteils (RM) rechts zus. MM setzen. (= 136/150/162/170/182 M)

Körper:

Patentmuster in Rd str:

1. Rd: * DM links, 1 M mit U abh *, von * bis * wdh bis Rd-Ende.

2. Rd: * 1 M mit U abh, DM rechts *, von * bis * wdh wdh bis Rd-Ende.Str 1.–2. Rd insgesamt 36/40/48/50/50x, der Körper sollte ab unter dem Arm ca. 20/21/26/27/27 cm messen. Probiere den Pullover an und str zur gewünschten Länge. Bedenke, dass du dann ggf. etwas mehr Garn brauchst.

Wechsel zu Rundstrick-Nd 4,0 mm und str 1.–2. Rd noch weitere 10x.

Alle M elastisch/italienisch abk.

*HINWEIS: Wenn du auf ein klassisches 1/1-Rippen-Bündchen nicht verzichten willst, str mit Rundstrick-Nd 4,0 mm im Anschluss an die 2. Rd des Patentmusters * DM links, 1 M rechts*, von * bis * wdh wdh bis Rd-Ende. Str stets 1 M links, 1 M rechts im Wechsel. Auf der nächsten Seite sieht man wie es aussieht.*

Linker Ärmel:

Starte unter dem Arm und nimm 17/18/19/21/23 M entlang des Knötchenrands des Vorderteils auf, str stillgelegten 26/30/30/34/38 M in 2/2-Rippe, nimm 17/18/19/21/23 M aus dem Knötchenrand des Rückteils auf, zur Rd schließen, MM setzen. (= 60/66/68/76/84 M)

Str 17/18/19/21/23 M rechts, 26/30/30/34/38 M 2/2-Rippe, 17/18/19/21/23 M rechts. Str insgesamt 50 R.

Abnahmen:

1. Rd: 2 M rechts zus, str wie M erscheinen. (= 59/65/67/75/83 M)

2.–4. Rd: Str wie M erscheinen.

5. Rd: Str wie M erscheinen, 2 M rechts verschr str. (= 58/64/66/74/82 M)

6.–8. Rd: Wie 2.–4. Rd str.

Str. 1.–8. Rd insgesamt 2/2/4/4/3 x.

Neuer Abnahmen-Rapport:

1. Rd: 2 M rechts zusstr, wie M erscheinen. (= 57/63/65/73/81 M)

2.–3. Rd: Str wie M erscheinen.

4. Rd: Str wie M erscheinen, 2 M rechts verschr str. (= 56/62/64/72/80 M)

5.–6. Rd: Wie 2.–3. Rd str.

Str. 1.–6. Rd insgesamt 3/3/2/2/3 x. (= 50/56/56/64/72 M)

Wechsel zu Rundstrick-Nd 4,0 mm und str weitere 8/8/10/10/8 cm oder bis zu deiner gewünschten Ärmellänge.

Alle M abk.

Rechter Ärmel analog str.

Fertigstellung:

Alle Fäden vernähen. Den Pullover auf links blocken, dabei den Rollkragen ausklappen.

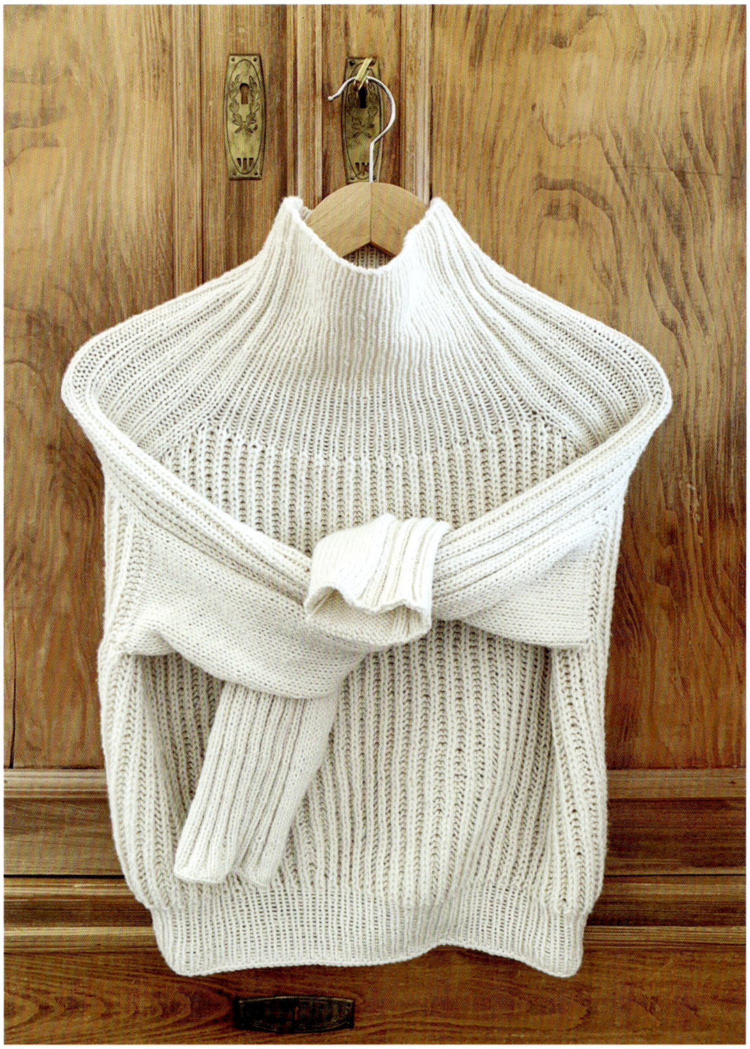

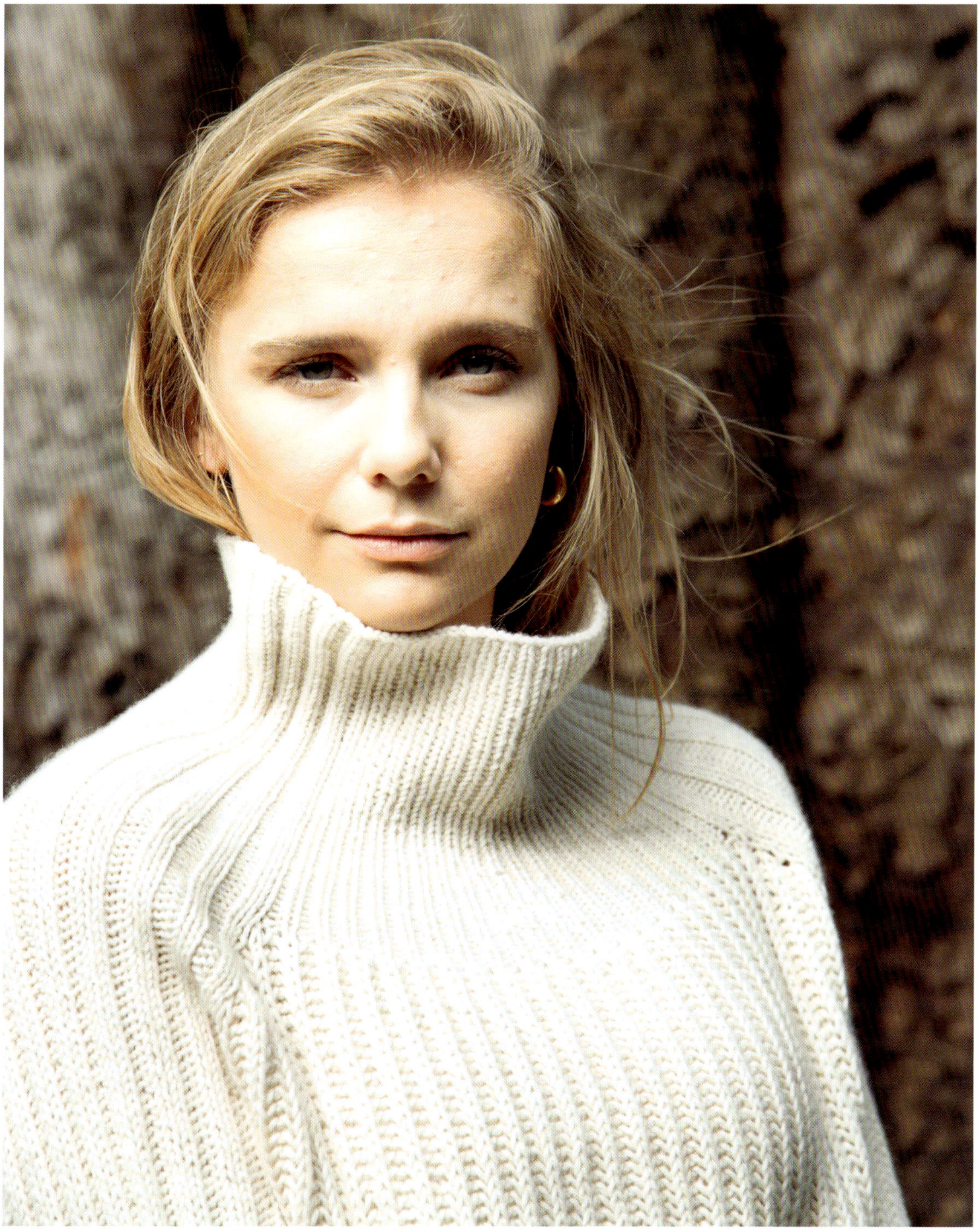

PARTNER BEANIE

– UNISEX-BEANIE –

GRÖSSE

S, M, L

HINWEIS: *Die Angaben für die einzelnen Größen stehen von der kleinsten bis zur größten Größe (S–L) hintereinander, jeweils durch Schrägstriche getrennt. Steht nur eine Angabe, gilt diese für alle Größen.*

Kopfumfang: 53–54, 55–57, 58–60 cm

MATERIAL

- Isager Alpaca 2 (50 % Merino, 50 % Alpaka, LL 250 m/50 g) in Natur (Fb E0), in Braun meliert (Fb E7S), je 100 g

HINWEIS: *Die Mütze wird doppelfädig gestr. Die Garnmenge bezieht sich auf die insgesamt benötigte Menge für eine Mütze.*

- Rundstricknadel 4,0 mm (80 cm als Magic Loop), alternativ 30 cm mit kurzen Nadelspitzen, alternativ Nadelspiel)
- Vernähnadel

GRUNDMUSTER

Glatt rechts in Rd:
Stets rechte M str.

Maschenprobe:
Glatt rechts mit Nd 4,0 mm: 18 M und 26 R = 10 cm x 10 cm

HINWEIS: *Carina trägt Größe S, Linus trägt Größe L.*

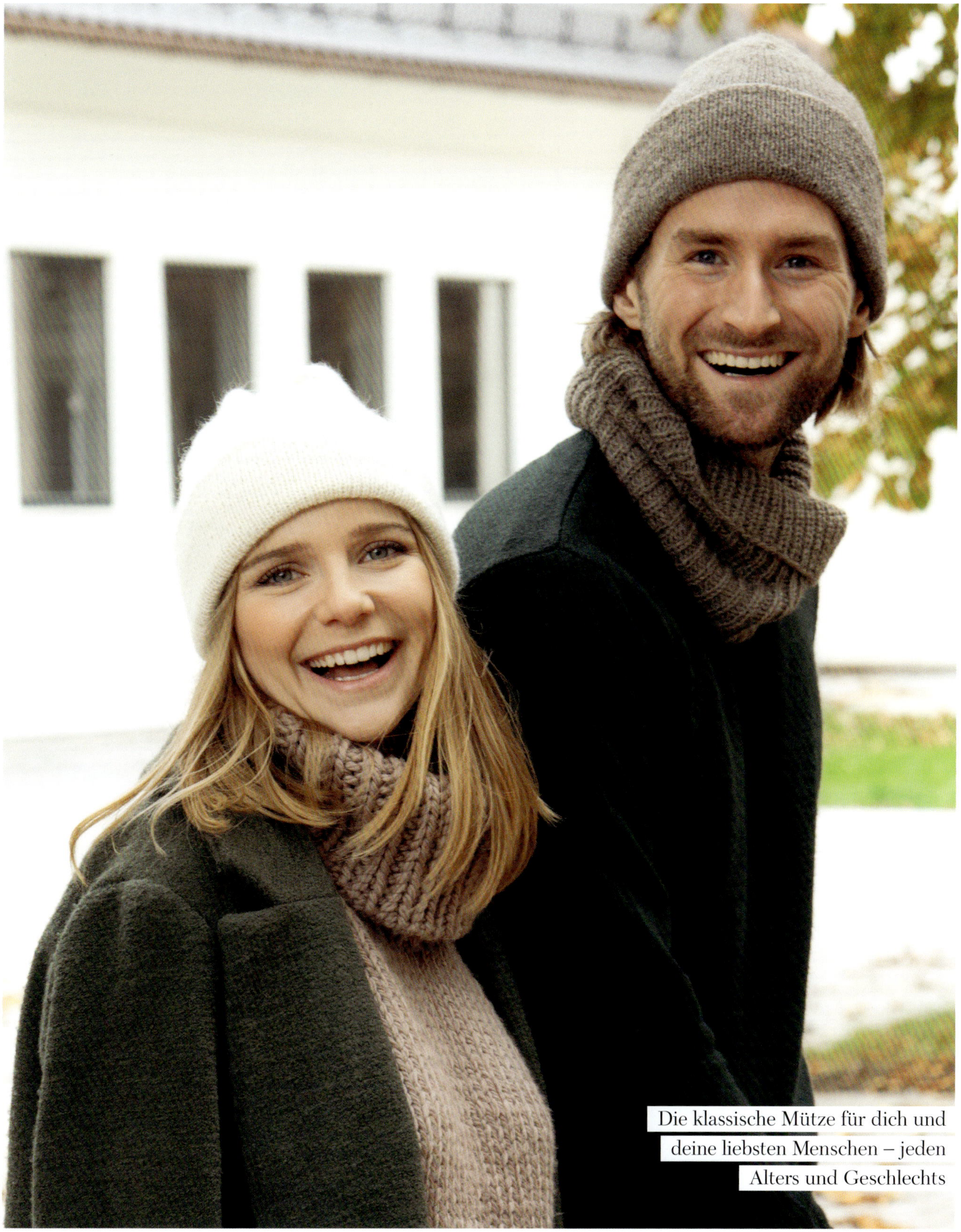

Die klassische Mütze für dich und deine liebsten Menschen – jeden Alters und Geschlechts

ANLEITUNG

Die Mütze wird von unten nach oben in Rd gestr. Durch den doppelten Umschlag hält die Mütze an den Ohren extra warm.

Mit der Rundstrick-Nd 4,0 mm 80/88/100 M anschl und zur Rd schließen, MM setzen.

Str glatt rechts in Rd bis das Strickstück 18/20/22 cm misst.

Schlage den M-Anschlag nach innen hoch, so dass glatt rechts außen ist.

* Hebe 1 M der Anschlagskante auf die linke Nd, str 2 M rechts zus *, von * bis * wdh bis alle M der linken Nd mit M der Anschlagskante bis Rd-Ende verstrickt sind. Es wurden keine Abnahmen gestr, daher sollten weiterhin 80/88/100 M vorhanden sein.

HINWEIS: *Zusstr der Anschlagskante mit aktueller R: Entweder so str wie in Anleitung formuliert, d. h. jede M einzeln aufnehmen oder wie in Foto abgebildet mit einer anderen Rundstrich-Nd (gerne etwas kleinere Nd-Stärke) alle M aus Anschlagkante aufnehmen, nach innen hochklappen und dann die jeweils ersten M auf beiden Naden zusstr*

Str glatt rechts in Rd für weitere 16/17/18 cm.

Abnahmen:

Je Abn-Rd werden 8 Abn gestr.

Verteile die 80/88/100 M, indem du nach je 20/22/25 M einen MM platzierst und verwende die Magic-Loop-Methode. Bestenfalls verteile die M gleichmäßig auf 4 Nd des Nadelspiels, d. h. 20/22/25 M je Nd.

1. Rd: * Str 2 M zus (rechts geneigt), str bis 2 M vor MM respektive bis letzte 2 M der Nd, str 2 M rechts verschr (links geneigt) *, von * bis * wdh bis Rd-Ende. (= 72/80/92 M)
2. Rd: Str alle M rechts. Keine Abn.

Str 1.–2. Rd insgesamt 8/9/10 x bis nur noch 16/16/20 M vorhanden sind.

Schneide das Garn mit einer Länge von 40 cm ab und fädle es in die Vernähnadel ein. Führe die Vernähnadel durch alle M durch, wdh diesen Schritt noch einmal. Stich mit der Vernähnadel in der Spitze der Mütze ein und bring den Faden auf die Innenseite.

Fertigstellung:

Alle Fäden vernähen. Die Beanie auf rechts blocken, dabei den Umschlag in gewünschte Position legen.

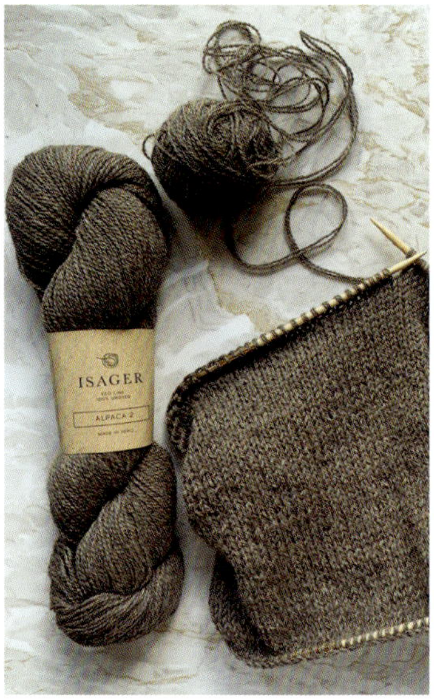

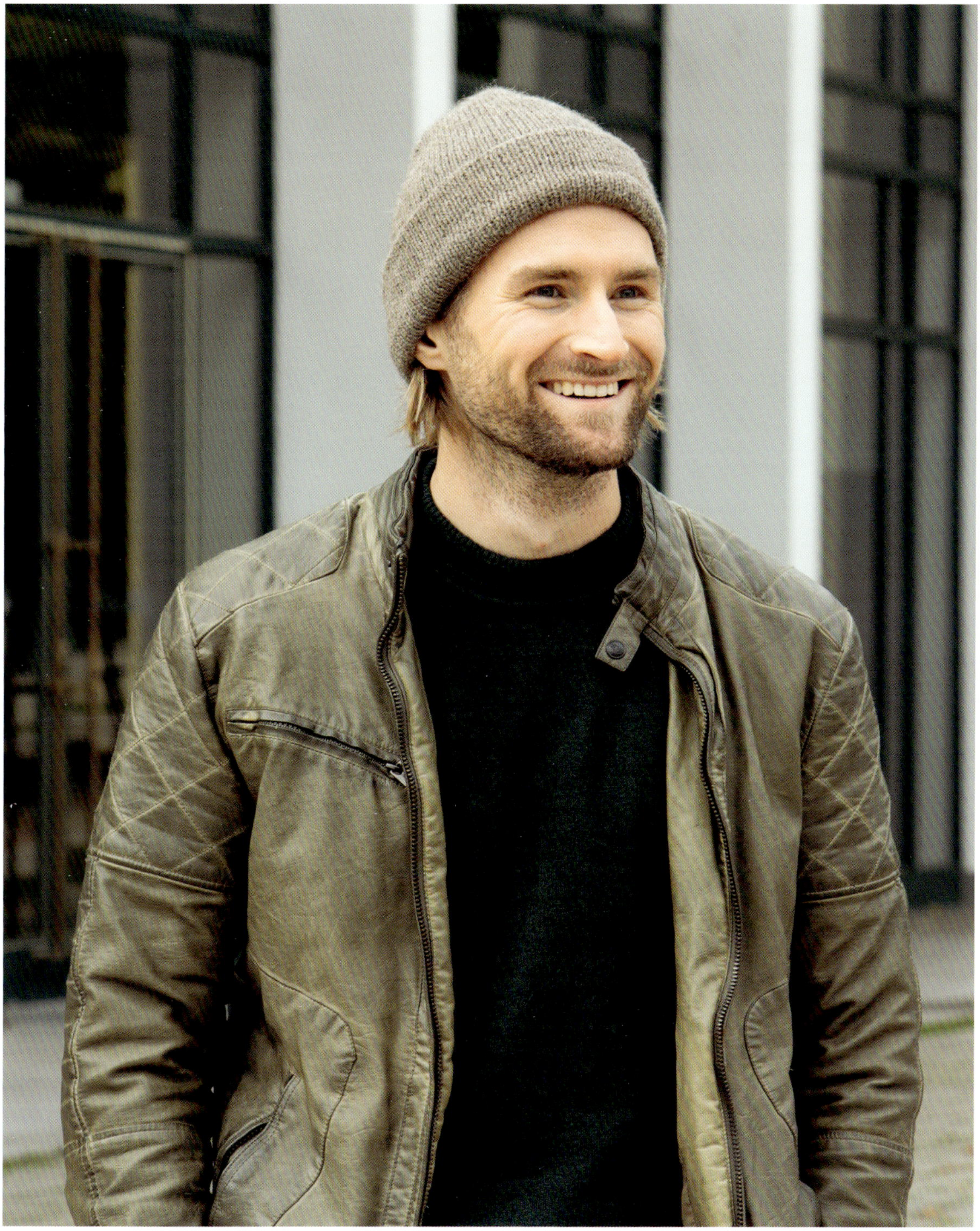

PARTNER-BEANIE

HONEYCOMB HEADBAND

– CHUNKY STIRNBAND MIT WABEN-ZOPFMUSTER –

GRÖSSE

S, M, L

Kopfumfang: 53–54, 55–57, 58–60 cm

Breite: ca. 10 cm

MATERIAL

- Rowan Big Wool (100 % Merinowolle, LL 80 m/100 g) in Grau (Fb 56), 50 g (kleiner Rest der Wolle des Anytime Cardigan)
- Stricknadeln 9,0 mm
- Zopfnadel
- Vernähnadel

GRUNDMUSTER

Wabenmuster:
Zopf (rechts geneigt): 2 M auf eine Zopfnadel hinter die Arbeit legen, 2 M rechts str, dann die 2 M von der Zopfnadel rechts str.

Zopf (links geneigt): 2 M auf eine Zopfnadel vor die Arbeit legen, 2 M rechts str, dann die 2 M von der Zopfnadel rechts str.

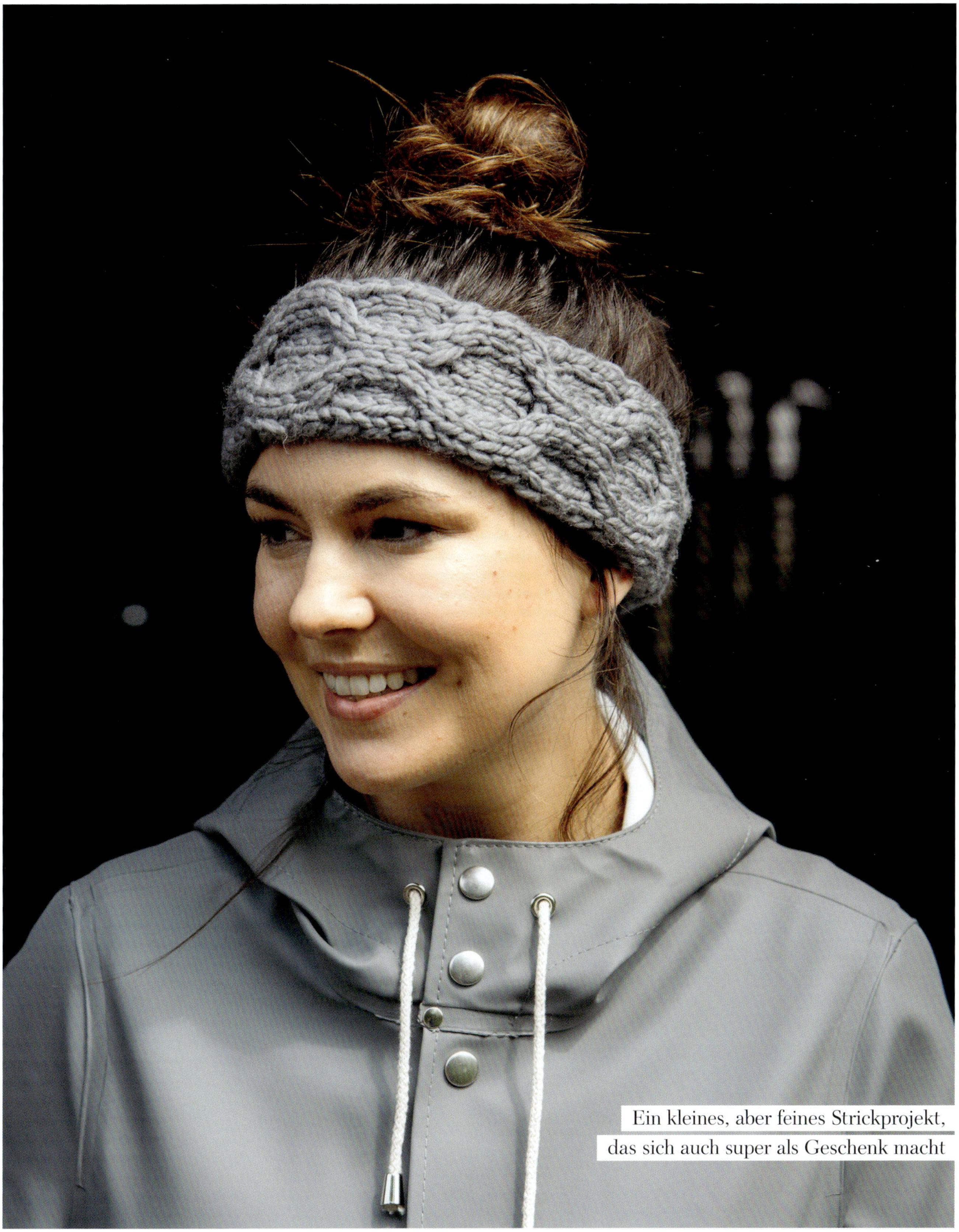
Ein kleines, aber feines Strickprojekt,
das sich auch super als Geschenk macht

Randmaschen:
Erste M wie zum Linksstricken abh, halte den Arbeitsfaden dabei hinter der Arbeit, die letzte M links str.

HINWEIS: In der Rück-R werden alle M immer links gestr, daher wird keine zusätzliche RM verlangt.

Maschenprobe:
Glatt rechts mit Nd 9,0 mm: 10 M und 13 R = 10 cm x 10 cm

ANLEITUNG

Das Stirnband wird in R gestr und mit dem Maschenstich verbunden.

Mit Nd 9,0 mm 12 M anschl.

1. R: 11 M rechts, 1 M links str.
2. R: RM, alle M links str.
3. R: RM, 1 M rechts, Zopf (rechts), Zopf (links), 1 M rechts, RM.
4.–8. R: RM, glatt rechts (= Hin-R rechts, Rück-R links str), RM.
9. R: RM, 1 M rechts, Zopf (links), Zopf (rechts), 1 M rechts, RM.
10.–14. R: RM, glatt rechts, RM.

Die 3.–14. R insgesamt 6/7/8 x str. Wobei du beim der letzten Wdh nur bis zur 12. R str, d. h. nur 3 R glatt rechts. Mit der 1.–2 R ergibt das nach Verbinden von Anschlag- und Abkettkante dann 5 R glatt rechts und das Muster ist durchgängig.

In der Hin-R alle M abk und den Faden mit einer Länge von ca. 30 cm abschneiden. Die Anschlag- und Abkettkante mit Maschenstich zusammennähen.

Fertigstellung:

Alle Fäden vernähen. Das Stirnband anfeuchten, in Form bringen, fixieren und trocknen lassen.

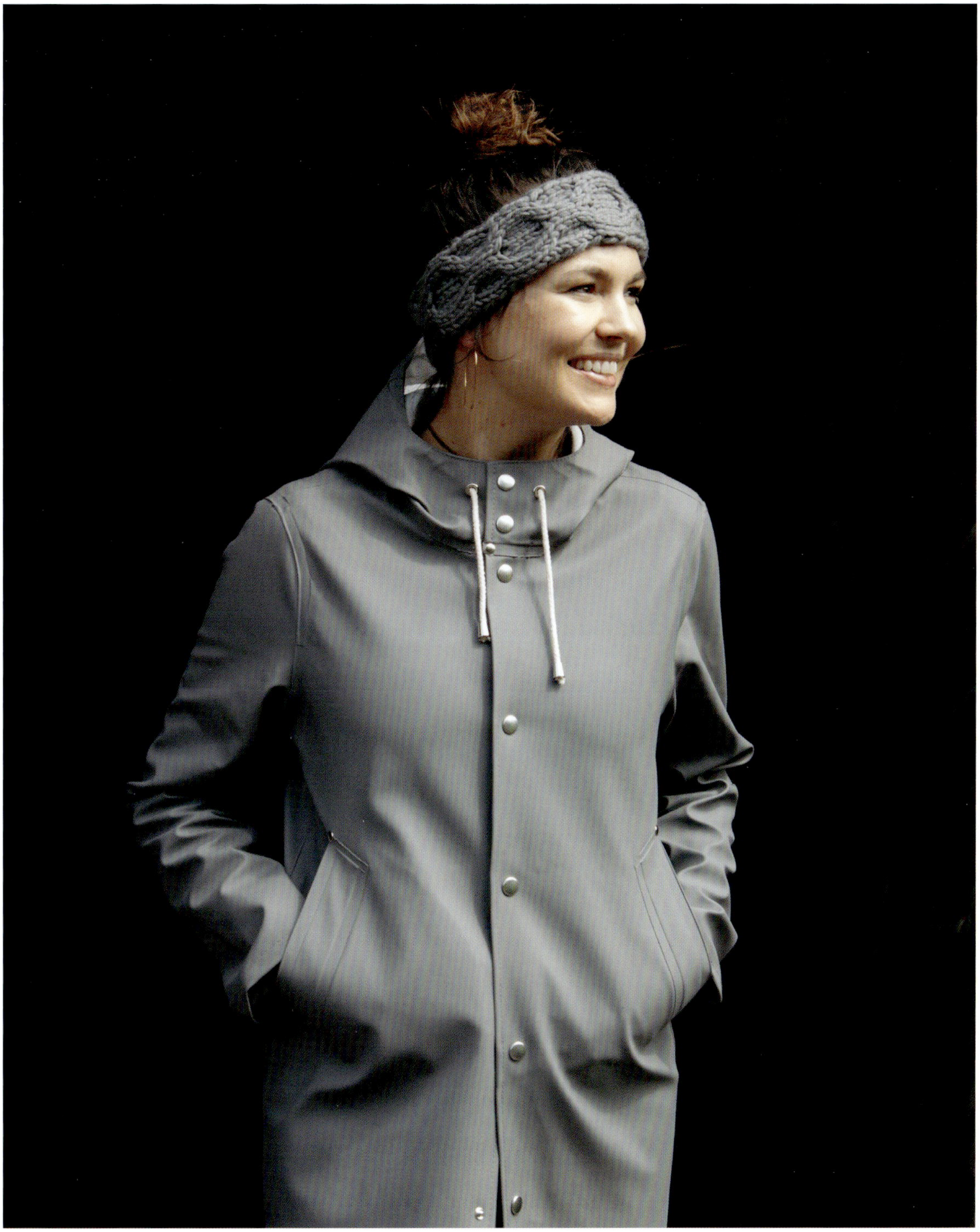

COZY BEANIE

– CHUNKY MÜTZE MIT UND OHNE BOMMEL –

GRÖSSE

S, M, L

Kopfumfang: 53–54, 55–57, 58–60 cm

MATERIAL

- we are knitters The Wool (100 % Schafwolle, LL 80 m/200 g) in Sand, 200 g
- Stricknadeln 15,0 mm
- Vernähnadel

GRUNDMUSTER

1/1-Rippe in Rd: Stets 1 M rechts, 1 M links str.

Maschenprobe:

1/1-Rippe mit Nd 15,0 mm: 6 M und 8 R = 10 cm x 10 cm

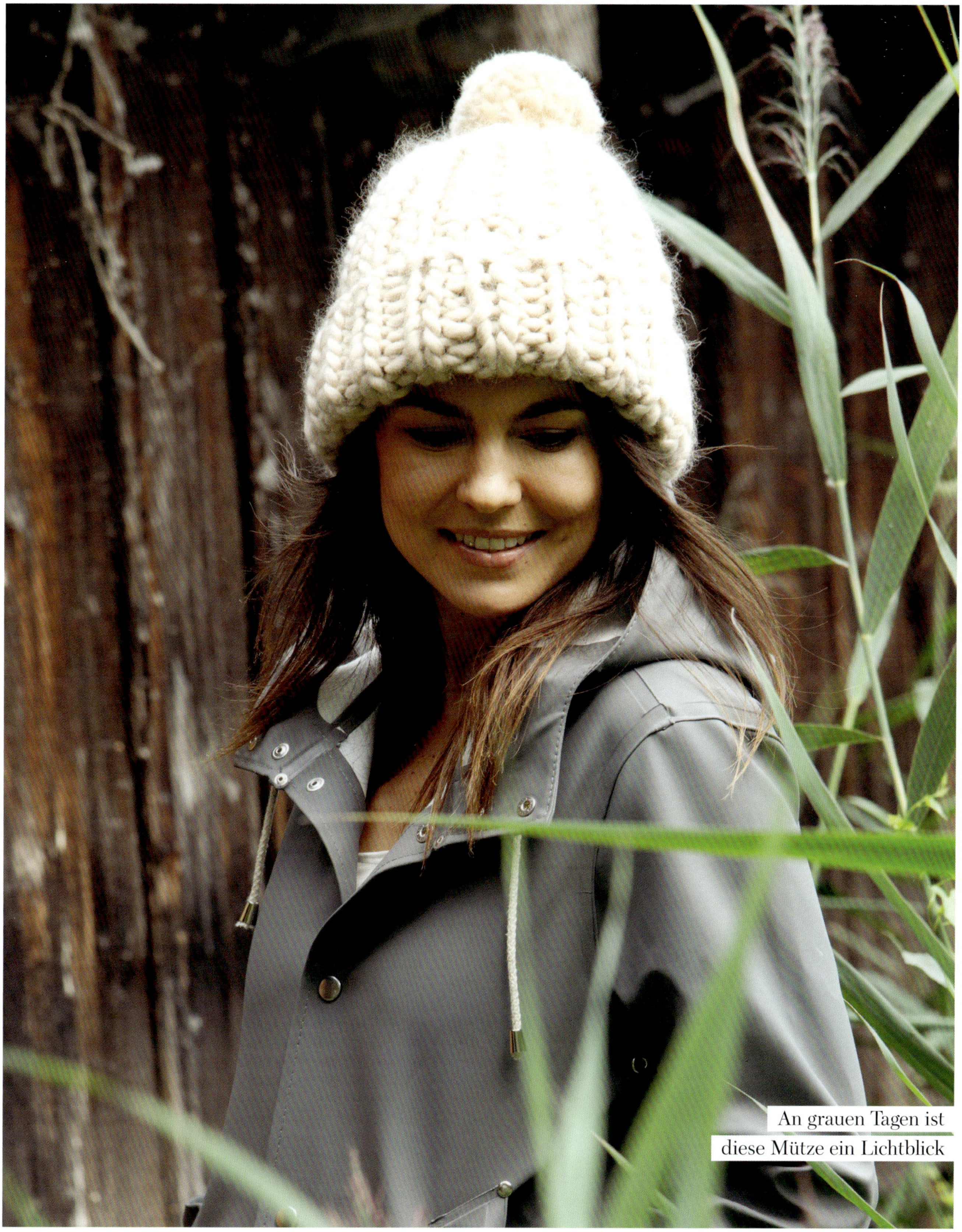

An grauen Tagen ist
diese Mütze ein Lichtblick

ANLEITUNG

Beanie:

Mit Nd 15,0 mm 32/34/36 M anschl, zur Rd schließen, MM setzen.

Str 1/1-Rippe für 26 Rd bzw. bis die Beanie 32 cm misst.

27. Rd: * Str 2 M rechts zus *, von * bis * wdh bis Rd-Ende. (= 16/17/18 M)
28. Rd: Str alle M rechts.
29. Rd: * Str 2 M rechts zus *, von * bis * wdh bis Rd-Ende. (= 8/9/9 M)
30. Rd: Str alle M rechts.

Schneide das Garn mit einer Länge von 40 cm ab und fädle es in die Vernähnadel ein. Führe die Vernähnadel durch alle M durch, wiederhole diesen Schritt. Stich mit der Vernähnadel in der Spitze der Mütze ein und bring den Faden auf die Innenseite.

Bommel:

Nutze einen Pompom-Maker oder schneide dir eine Schablone aus Karton zurecht, um einen Bommel zu machen.

TIPP: Nimm als Basis ein reißfestes Baumwollgarn.

Mit einer Vernähnadel rechts und links neben der Spitze jeweils das Baumwollgarn auf die Innenseite bringen und dort eine Schleife mit Doppelknoten machen. So kannst du den Bommel jederzeit entfernen und wieder anbringen.

Fertigstellung:

Alle Fäden vernähen.

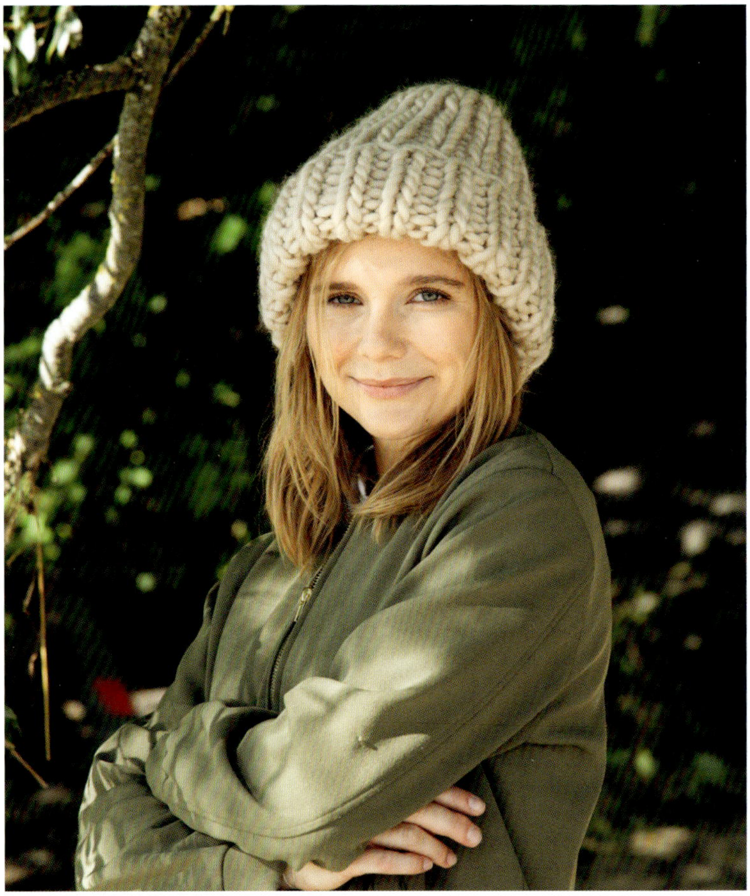

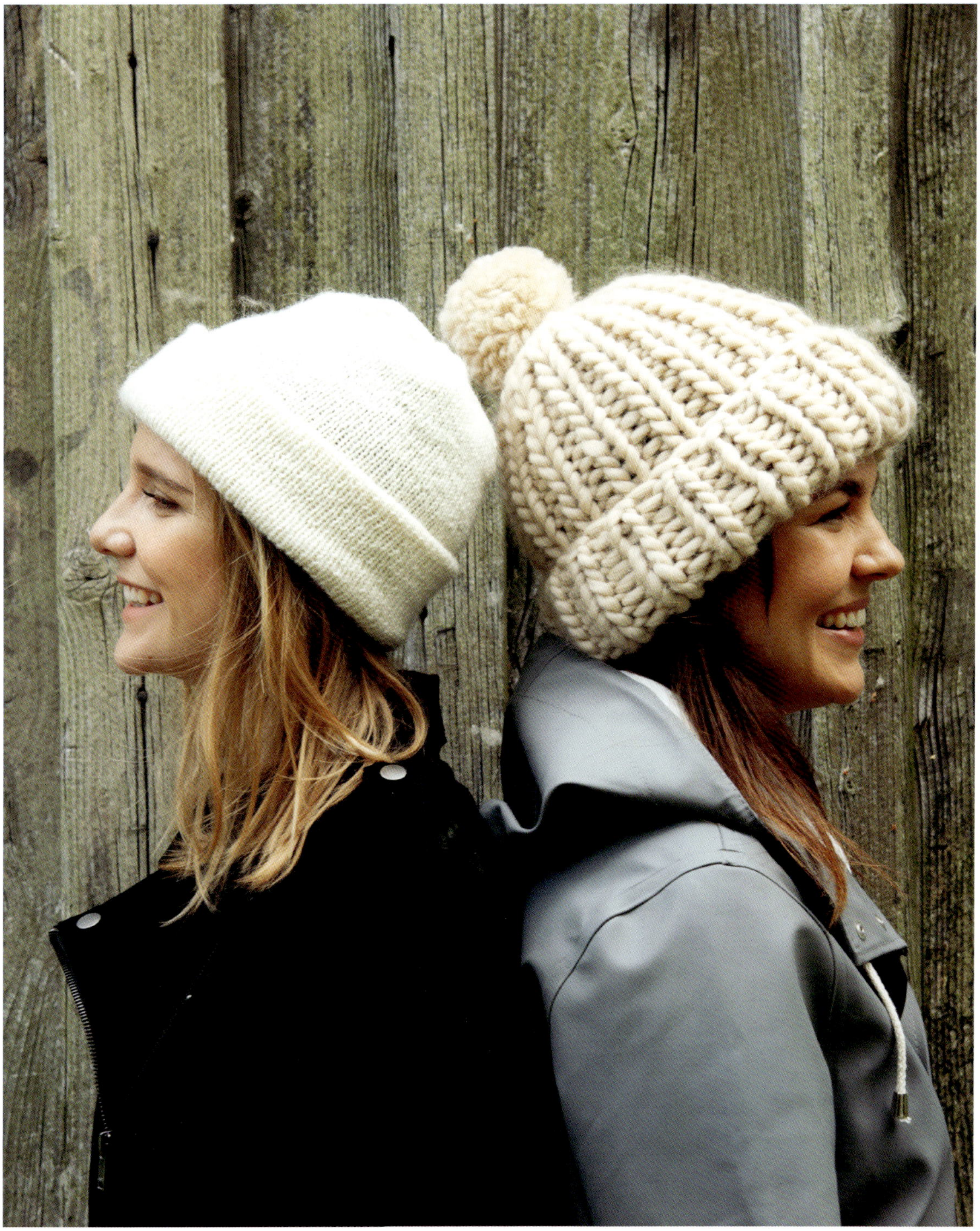

COZY BEANIE

Rechtes Vorderteil Größe XS

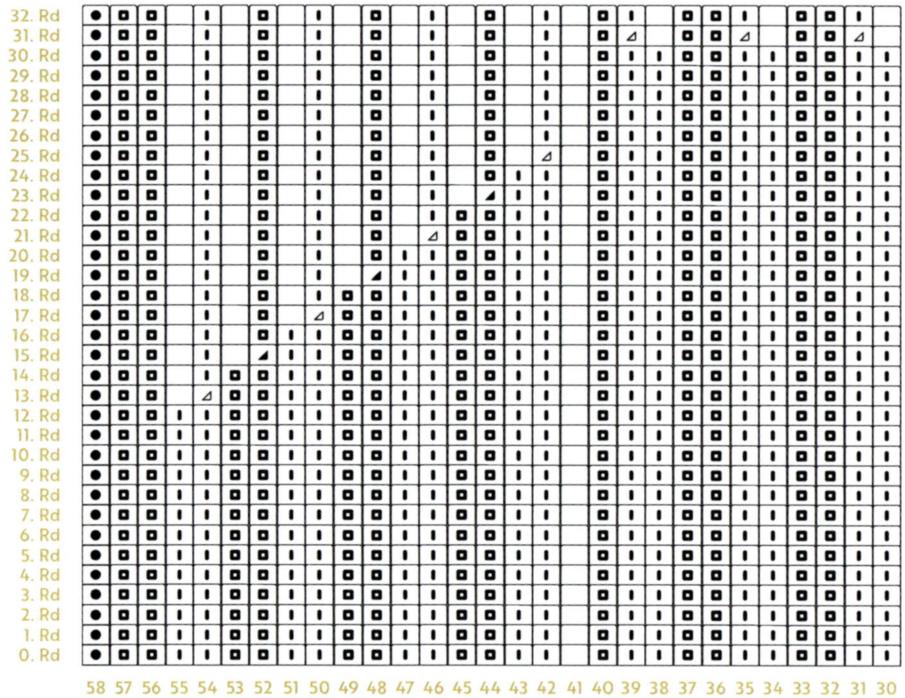

Rechtes Vorderteil Größe S

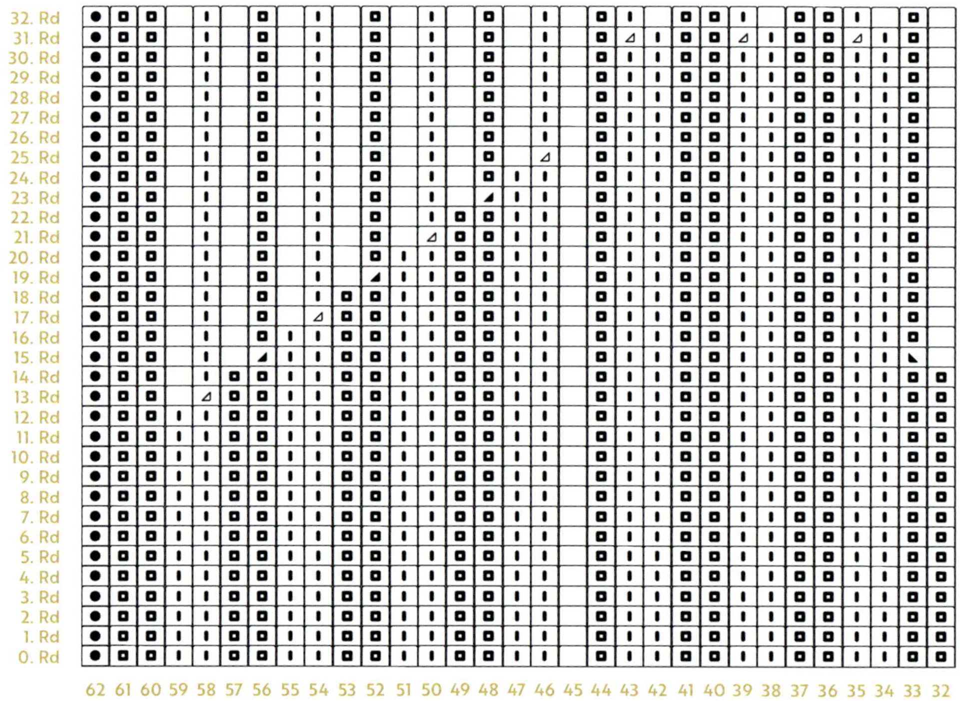

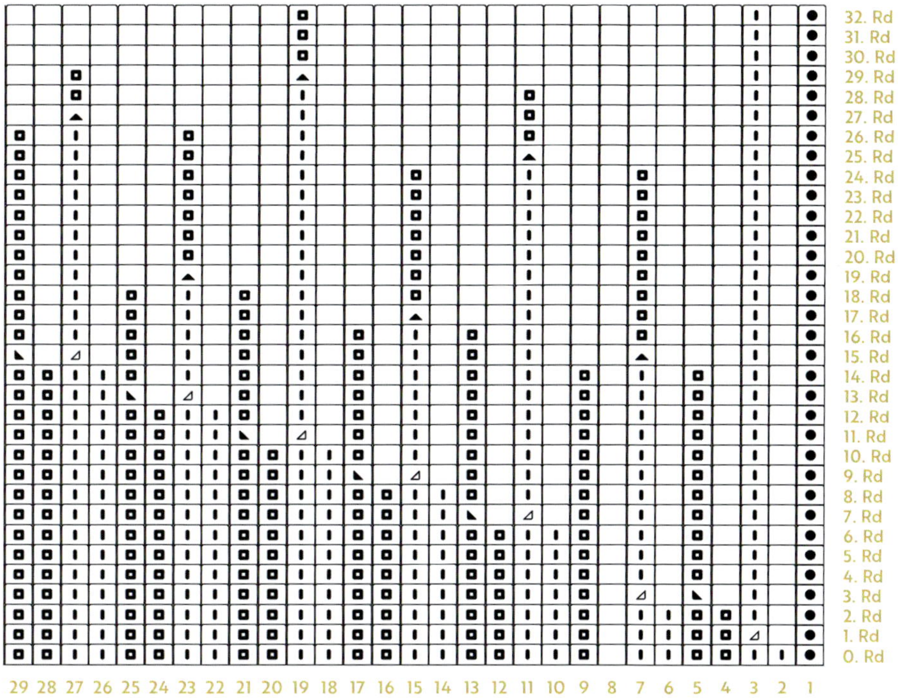
32. Rd
31. Rd
30. Rd
29. Rd
28. Rd
27. Rd
26. Rd
25. Rd
24. Rd
23. Rd
22. Rd
21. Rd
20. Rd
19. Rd
18. Rd
17. Rd
16. Rd
15. Rd
14. Rd
13. Rd
12. Rd
11. Rd
10. Rd
9. Rd
8. Rd
7. Rd
6. Rd
5. Rd
4. Rd
3. Rd
2. Rd
1. Rd
0. Rd
29 28 27 26 25 24 23 22 21 20 19 18 17 16 15 14 13 12 11 10 9 8 7 6 5 4 3 2 1

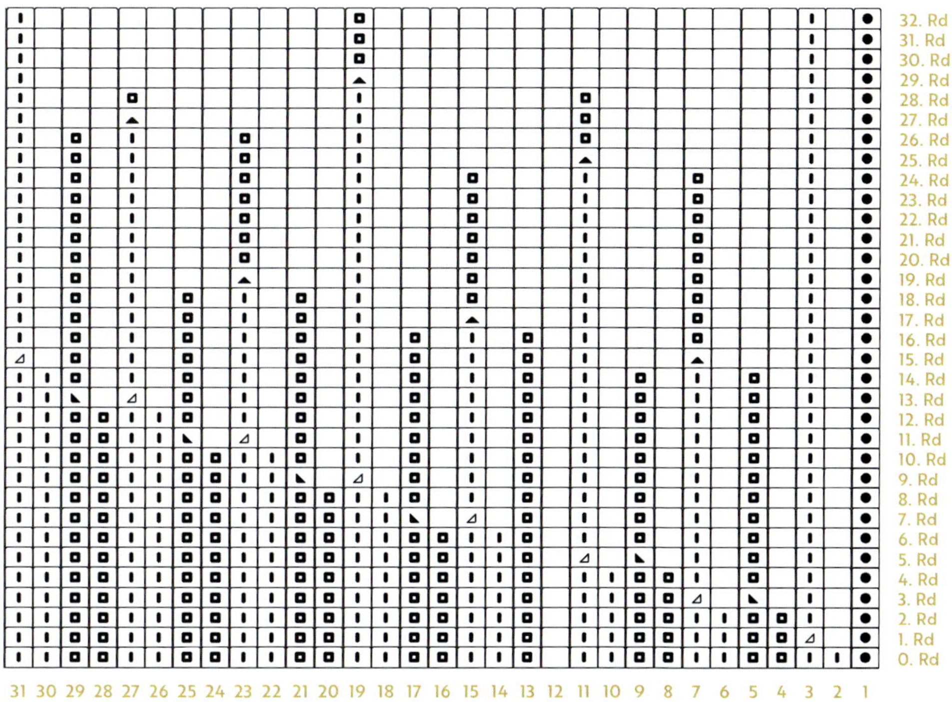
32. Rd
31. Rd
30. Rd
29. Rd
28. Rd
27. Rd
26. Rd
25. Rd
24. Rd
23. Rd
22. Rd
21. Rd
20. Rd
19. Rd
18. Rd
17. Rd
16. Rd
15. Rd
14. Rd
13. Rd
12. Rd
11. Rd
10. Rd
9. Rd
8. Rd
7. Rd
6. Rd
5. Rd
4. Rd
3. Rd
2. Rd
1. Rd
0. Rd
31 30 29 28 27 26 25 24 23 22 21 20 19 18 17 16 15 14 13 12 11 10 9 8 7 6 5 4 3 2 1

Rechtes Vorderteil Größe M

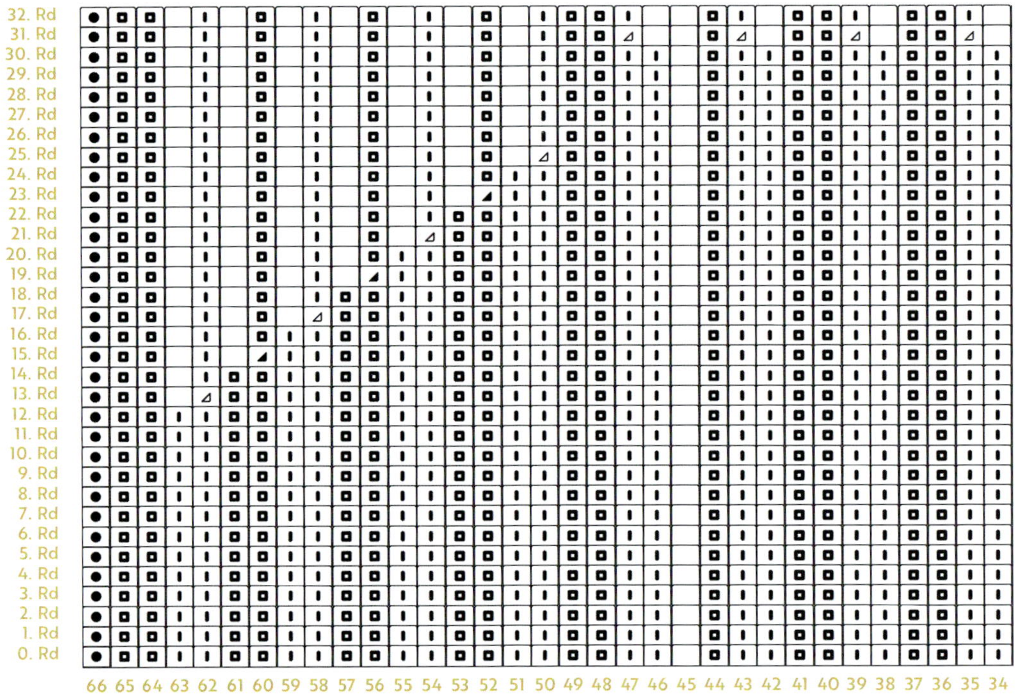

Rechtes Vorderteil Größe L

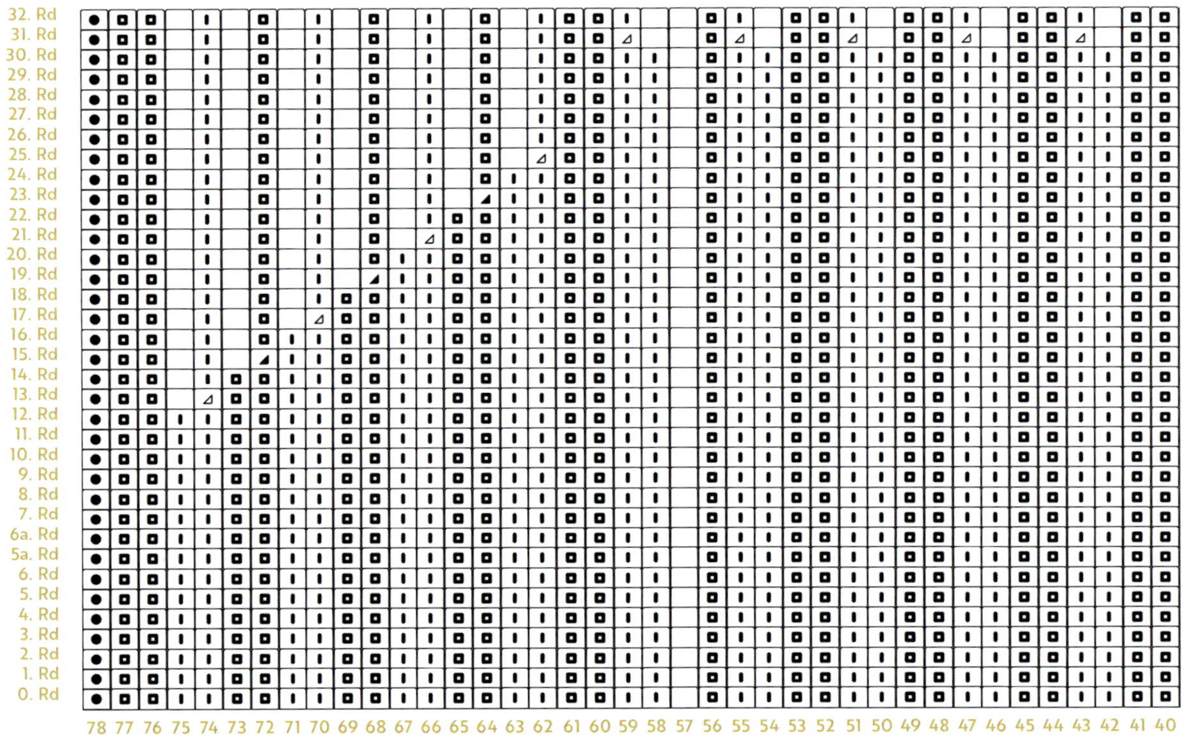

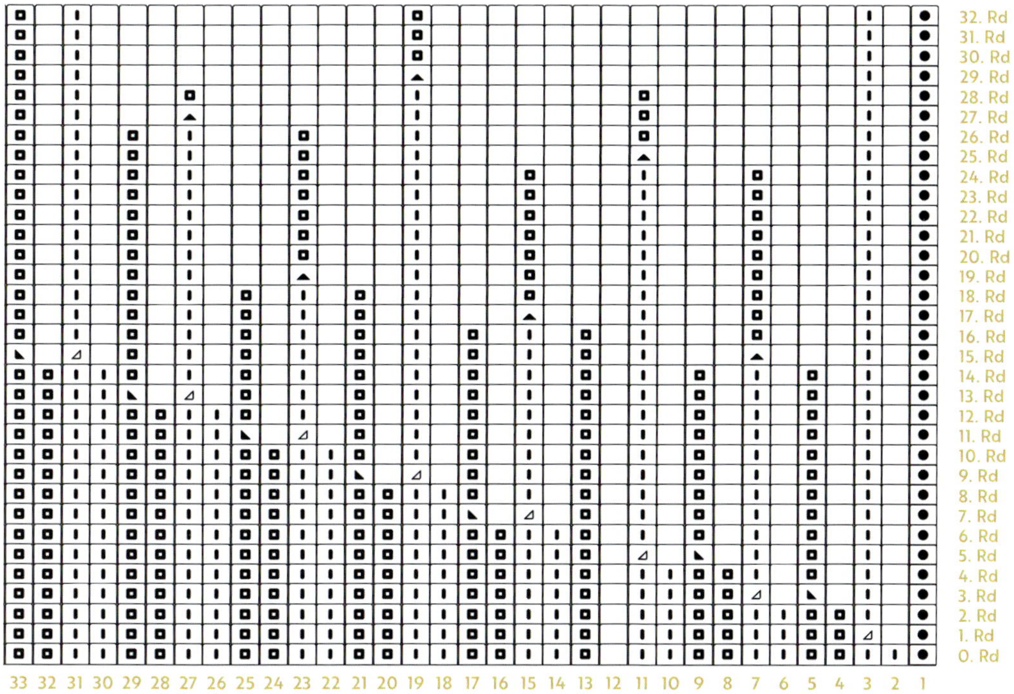
32. Rd
31. Rd
30. Rd
29. Rd
28. Rd
27. Rd
26. Rd
25. Rd
24. Rd
23. Rd
22. Rd
21. Rd
20. Rd
19. Rd
18. Rd
17. Rd
16. Rd
15. Rd
14. Rd
13. Rd
12. Rd
11. Rd
10. Rd
9. Rd
8. Rd
7. Rd
6. Rd
5. Rd
4. Rd
3. Rd
2. Rd
1. Rd
0. Rd
33 32 31 30 29 28 27 26 25 24 23 22 21 20 19 18 17 16 15 14 13 12 11 10 9 8 7 6 5 4 3 2 1

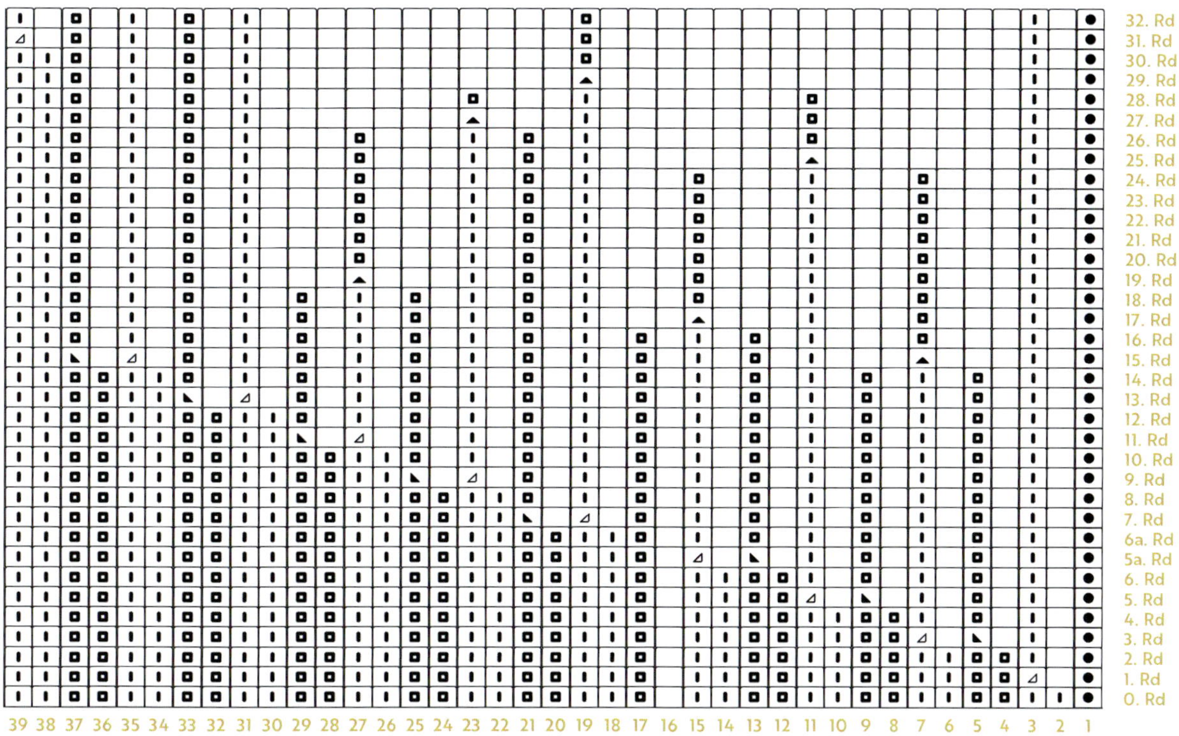
32. Rd
31. Rd
30. Rd
29. Rd
28. Rd
27. Rd
26. Rd
25. Rd
24. Rd
23. Rd
22. Rd
21. Rd
20. Rd
19. Rd
18. Rd
17. Rd
16. Rd
15. Rd
14. Rd
13. Rd
12. Rd
11. Rd
10. Rd
9. Rd
8. Rd
7. Rd
6a. Rd
5a. Rd
6. Rd
5. Rd
4. Rd
3. Rd
2. Rd
1. Rd
0. Rd
39 38 37 36 35 34 33 32 31 30 29 28 27 26 25 24 23 22 21 20 19 18 17 16 15 14 13 12 11 10 9 8 7 6 5 4 3 2 1

Rechtes Vorderteil Größe XL

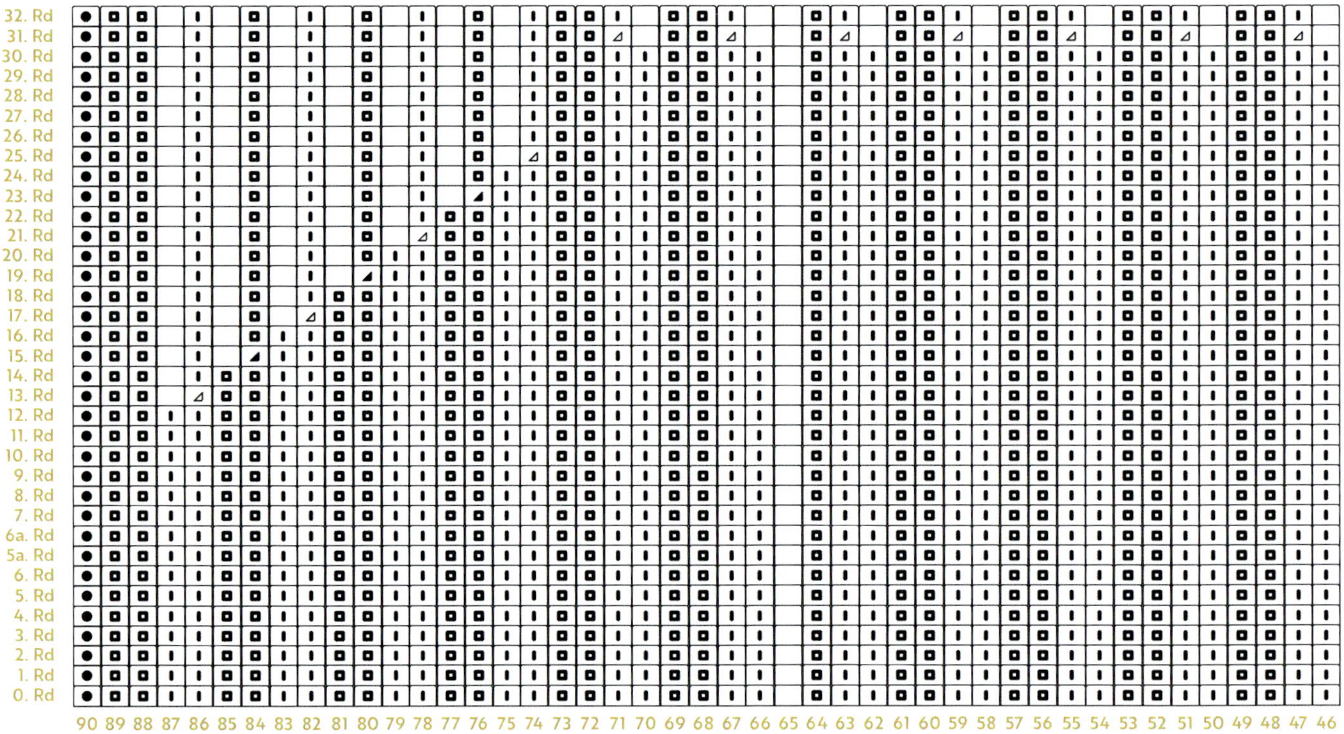

Abnahmen Körper in Rd, alle Größen

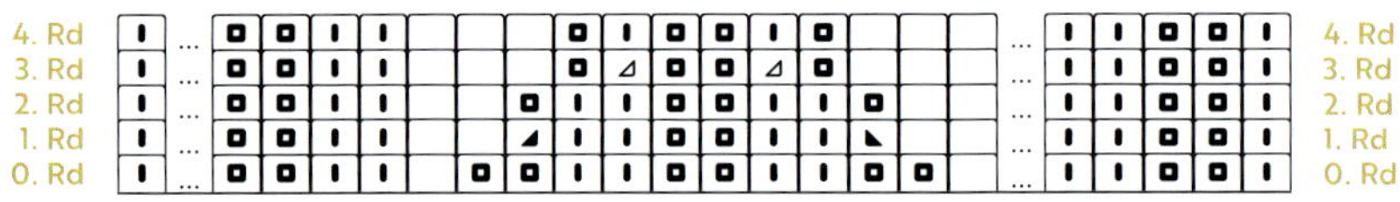

… : 2/2 Rippenmuster wdh

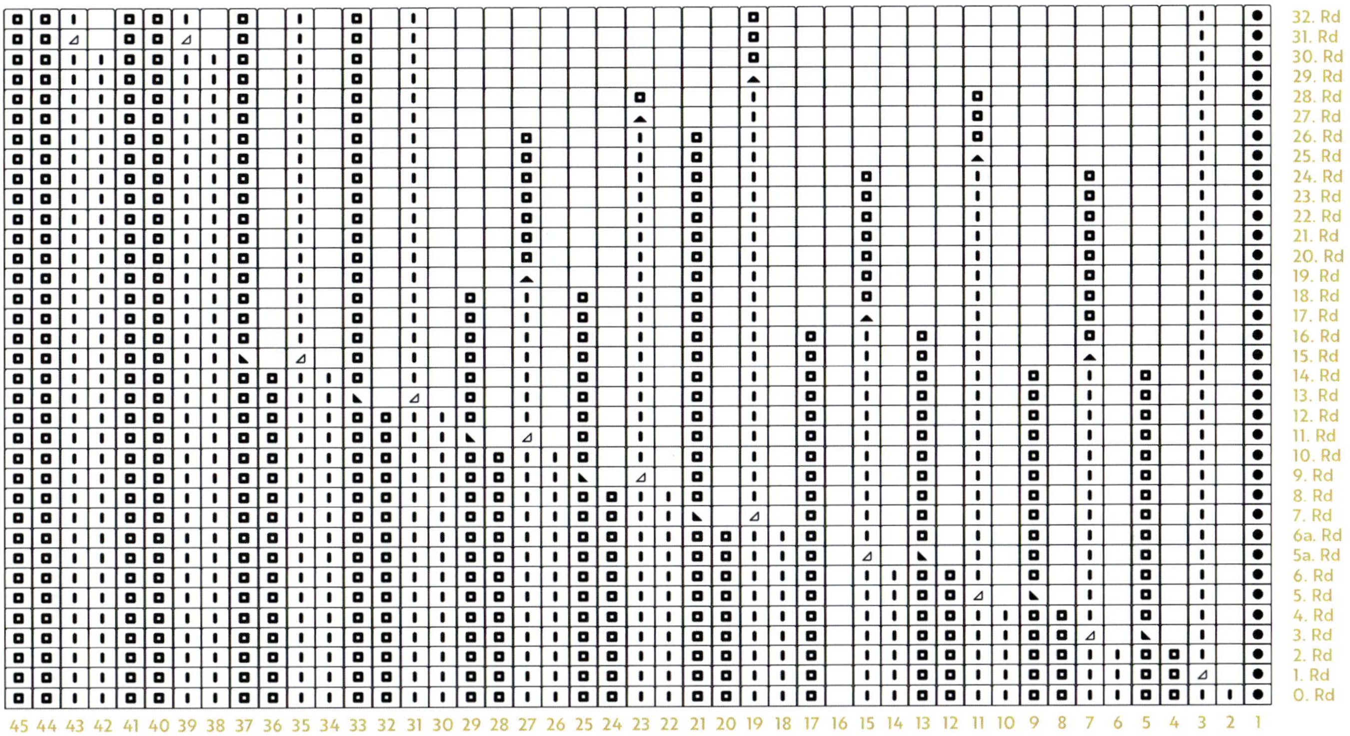

Zunahmen Brust in Rd: Rapport 3.–10. Rd entsprechend Größe wdh, siehe Anleitung

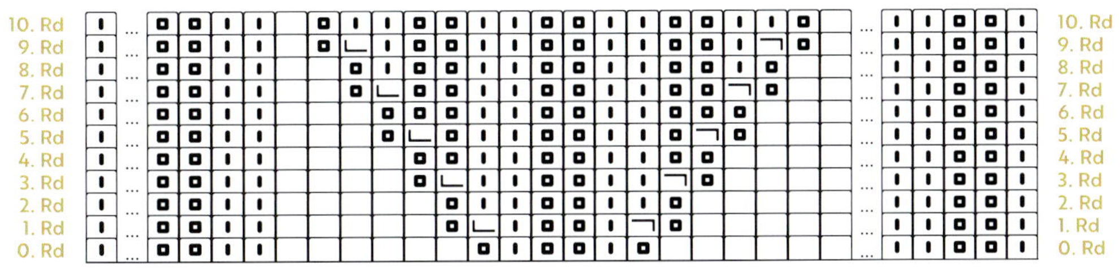

… : 2/2 Rippenmuster wdh

Linkes Vorderteil Größe XS

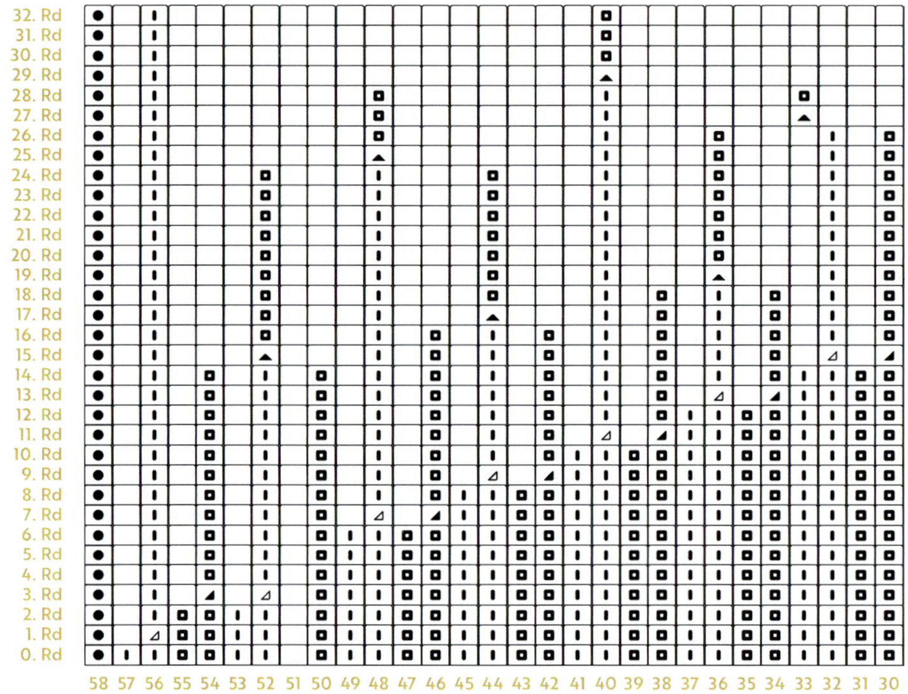

Linkes Vorderteil Größe S

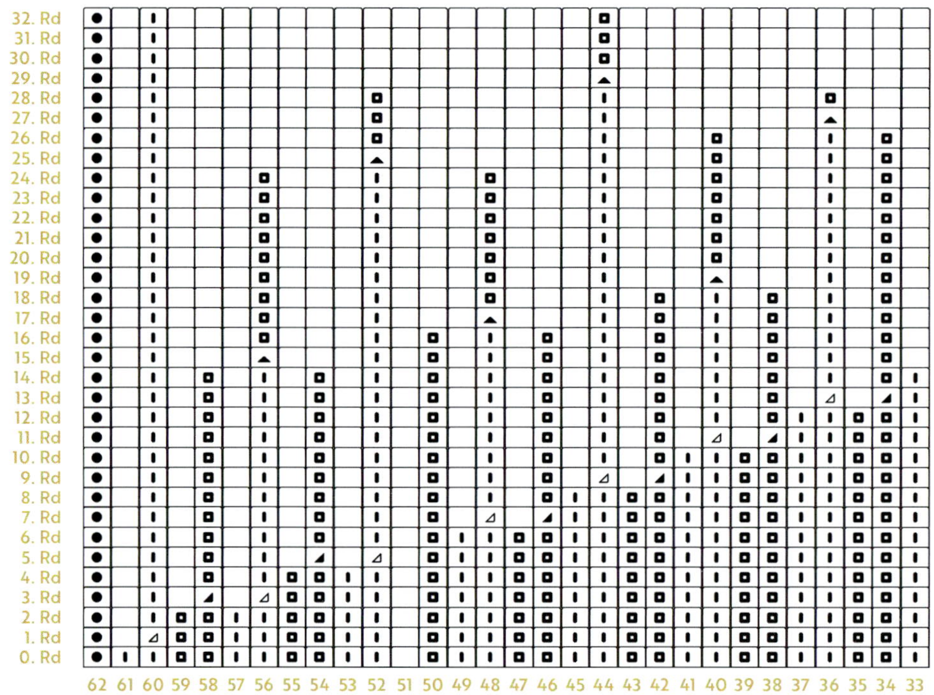

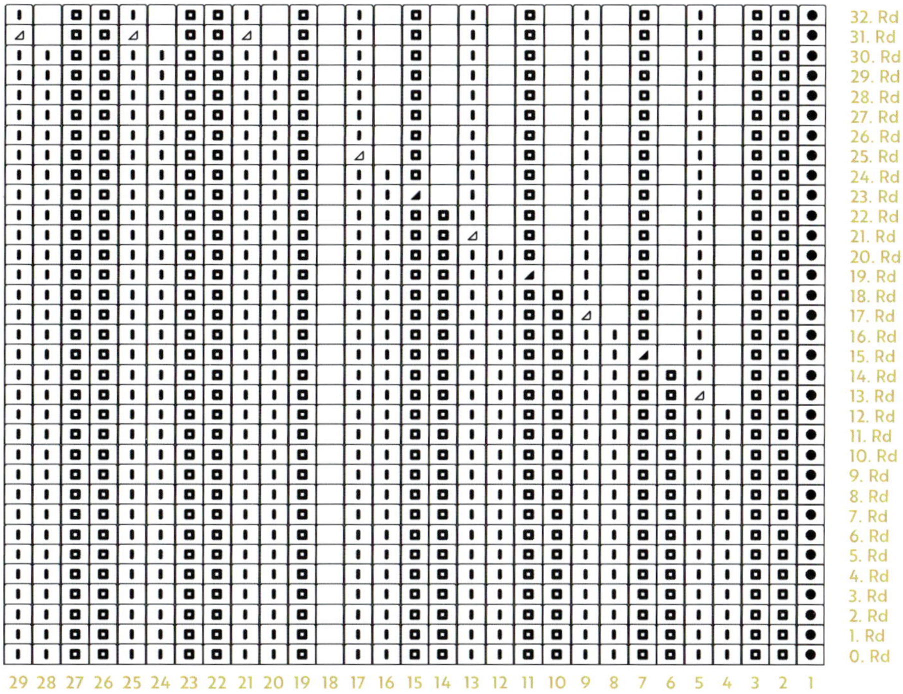

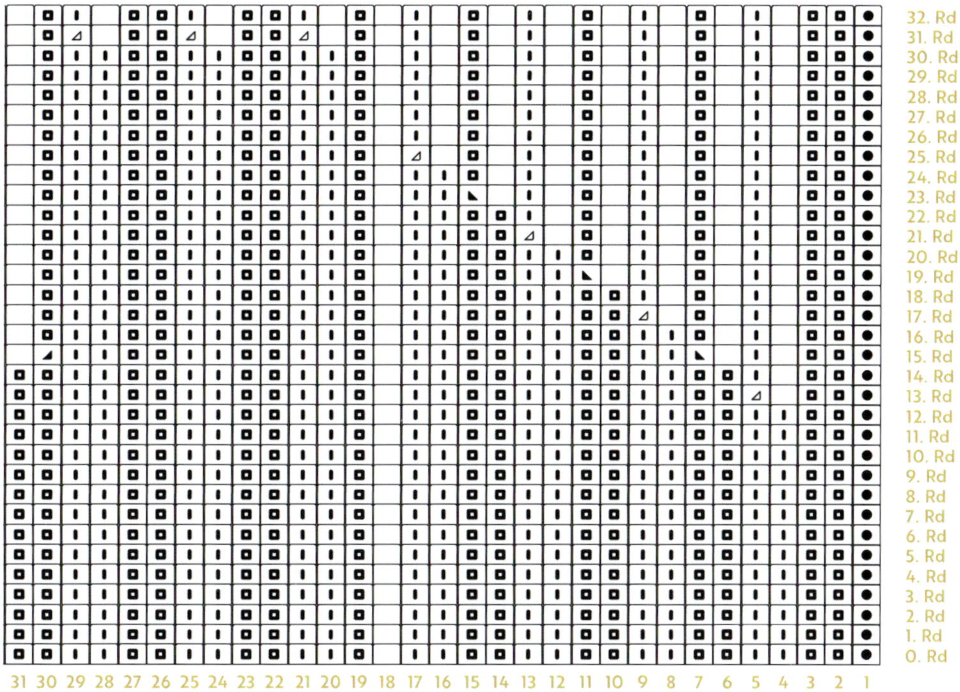

Linkes Vorderteil Größe M

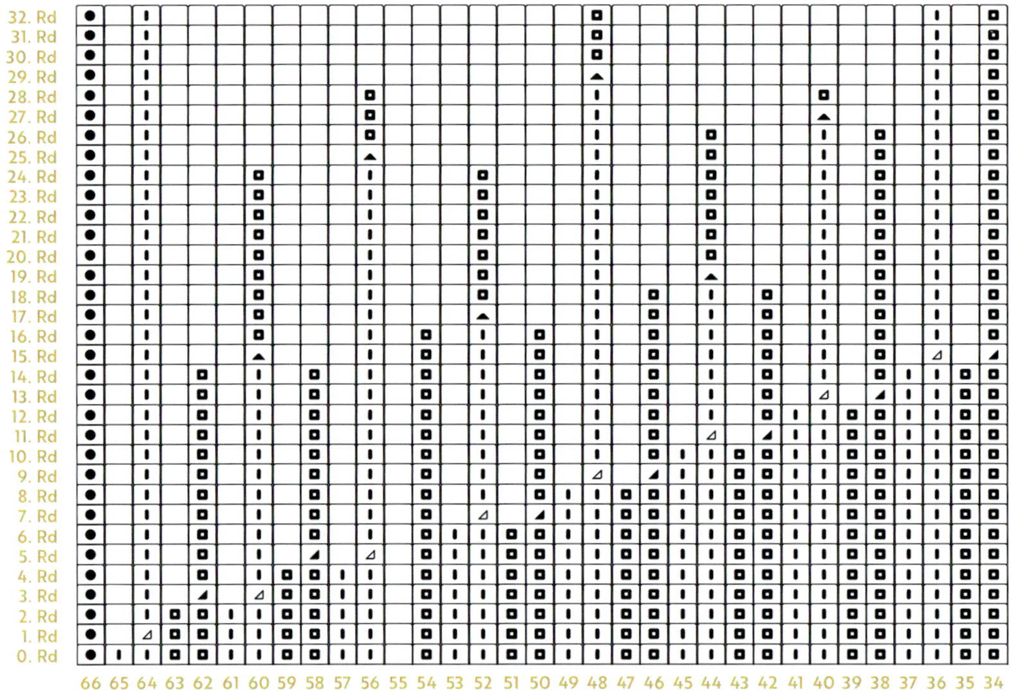

Linkes Vorderteil Größe L

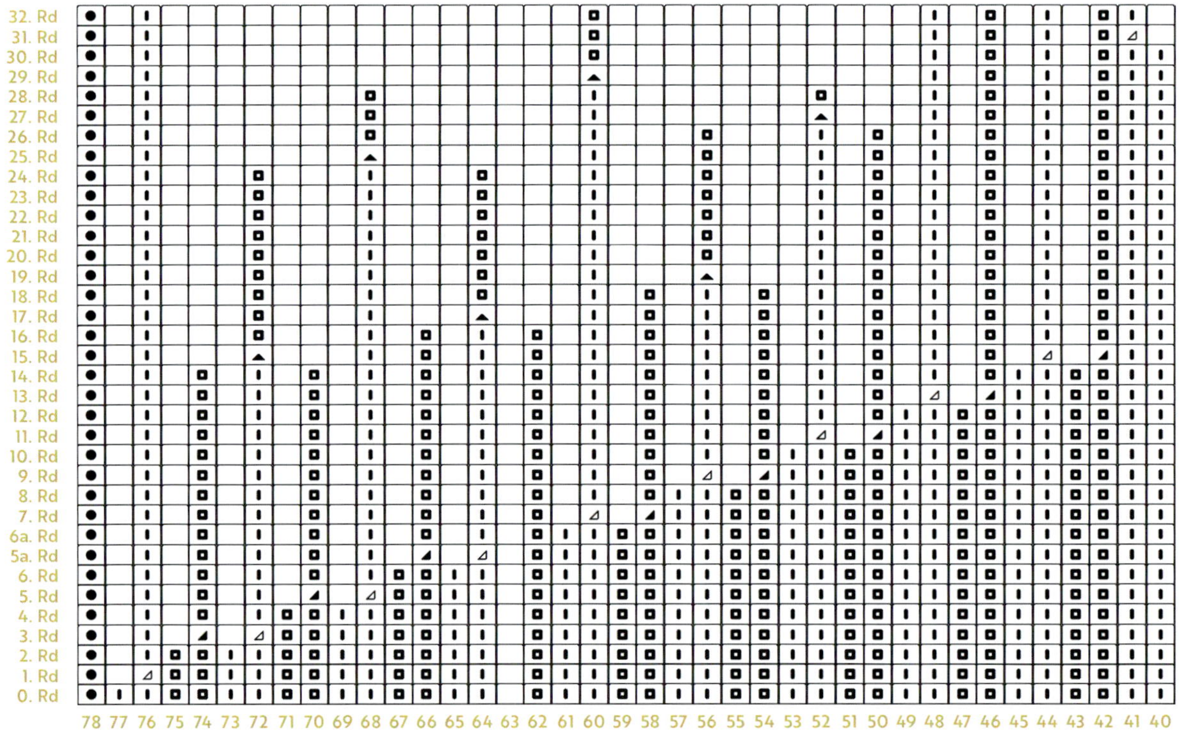

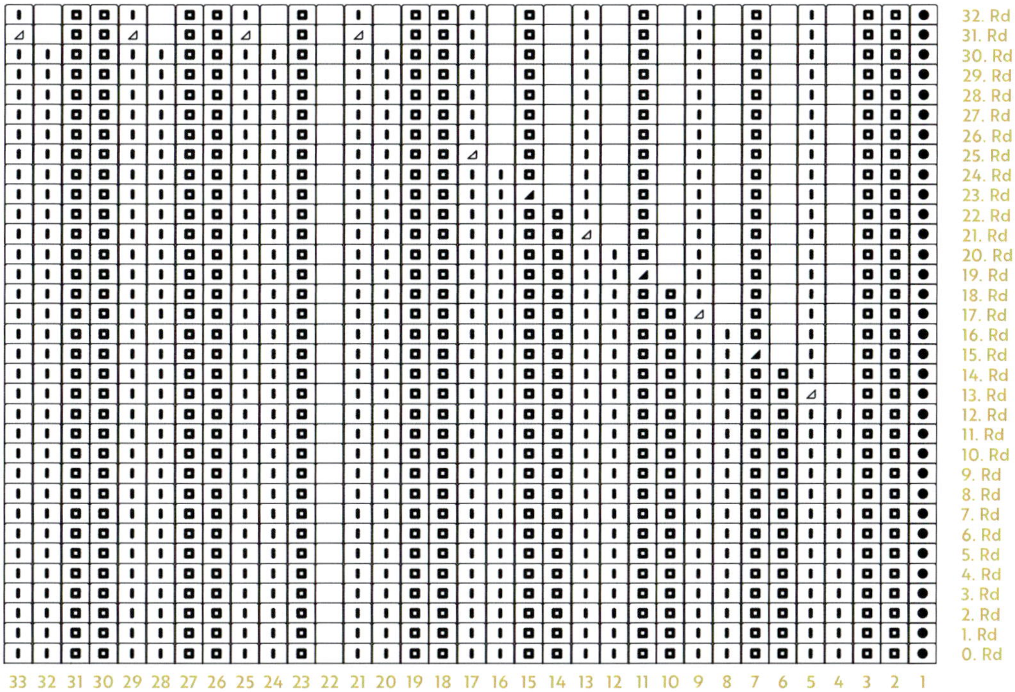
32. Rd
31. Rd
30. Rd
29. Rd
28. Rd
27. Rd
26. Rd
25. Rd
24. Rd
23. Rd
22. Rd
21. Rd
20. Rd
19. Rd
18. Rd
17. Rd
16. Rd
15. Rd
14. Rd
13. Rd
12. Rd
11. Rd
10. Rd
9. Rd
8. Rd
7. Rd
6. Rd
5. Rd
4. Rd
3. Rd
2. Rd
1. Rd
0. Rd
33 32 31 30 29 28 27 26 25 24 23 22 21 20 19 18 17 16 15 14 13 12 11 10 9 8 7 6 5 4 3 2 1

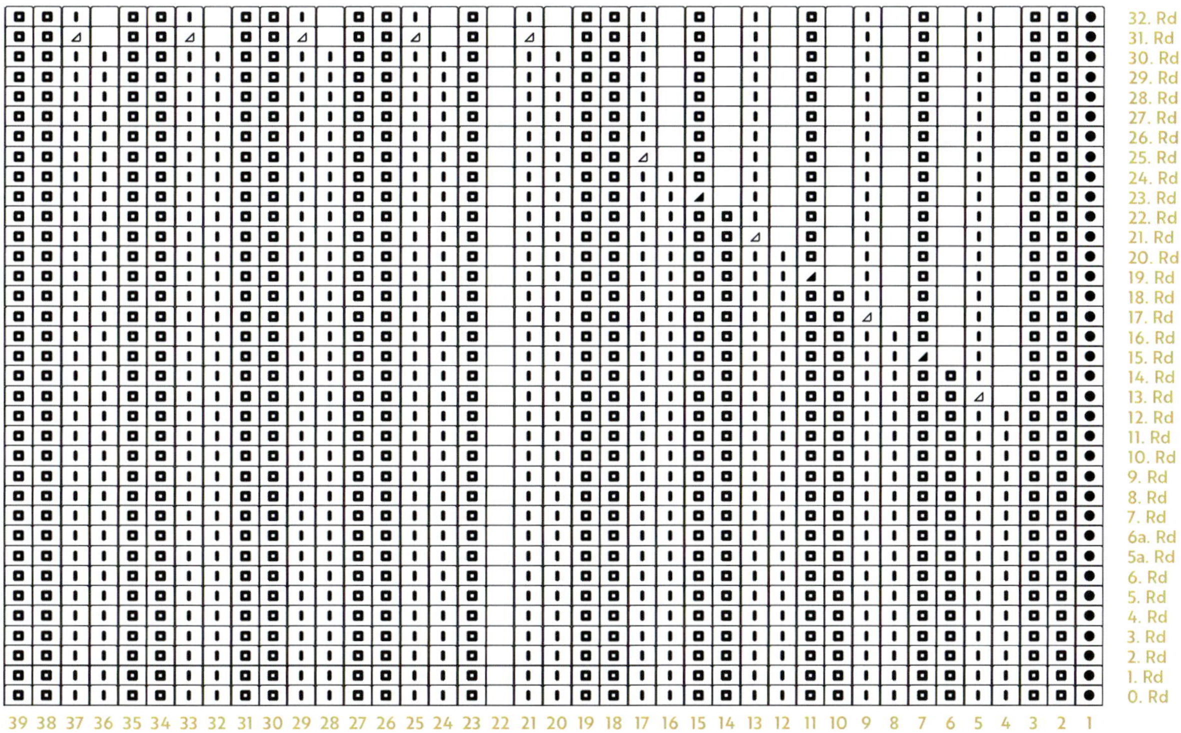
32. Rd
31. Rd
30. Rd
29. Rd
28. Rd
27. Rd
26. Rd
25. Rd
24. Rd
23. Rd
22. Rd
21. Rd
20. Rd
19. Rd
18. Rd
17. Rd
16. Rd
15. Rd
14. Rd
13. Rd
12. Rd
11. Rd
10. Rd
9. Rd
8. Rd
7. Rd
6a. Rd
5a. Rd
6. Rd
5. Rd
4. Rd
3. Rd
2. Rd
1. Rd
0. Rd
39 38 37 36 35 34 33 32 31 30 29 28 27 26 25 24 23 22 21 20 19 18 17 16 15 14 13 12 11 10 9 8 7 6 5 4 3 2 1

Linkes Vorderteil Größe XL

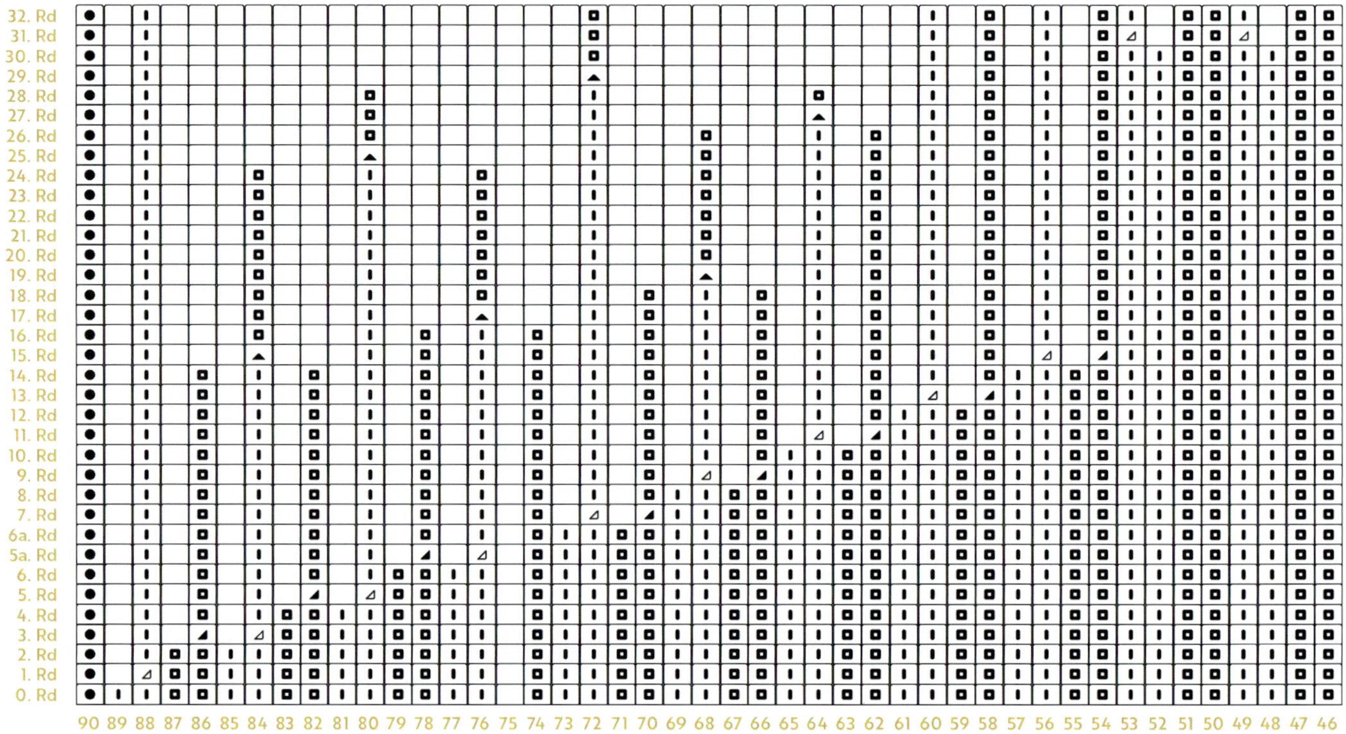

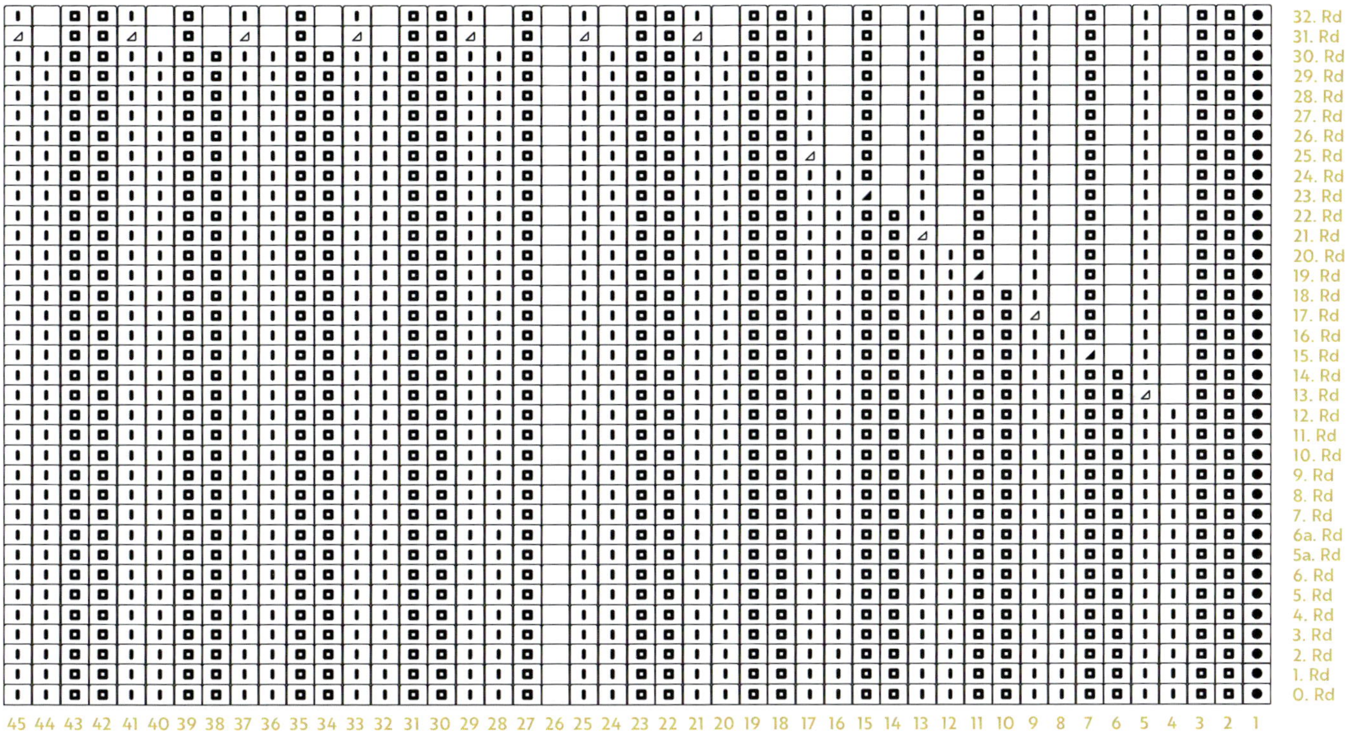
32. Rd
31. Rd
30. Rd
29. Rd
28. Rd
27. Rd
26. Rd
25. Rd
24. Rd
23. Rd
22. Rd
21. Rd
20. Rd
19. Rd
18. Rd
17. Rd
16. Rd
15. Rd
14. Rd
13. Rd
12. Rd
11. Rd
10. Rd
9. Rd
8. Rd
7. Rd
6a. Rd
5a. Rd
6. Rd
5. Rd
4. Rd
3. Rd
2. Rd
1. Rd
0. Rd
45 44 43 42 41 40 39 38 37 36 35 34 33 32 31 30 29 28 27 26 25 24 23 22 21 20 19 18 17 16 15 14 13 12 11 10 9 8 7 6 5 4 3 2 1

ÜBER DIE AUTORIN

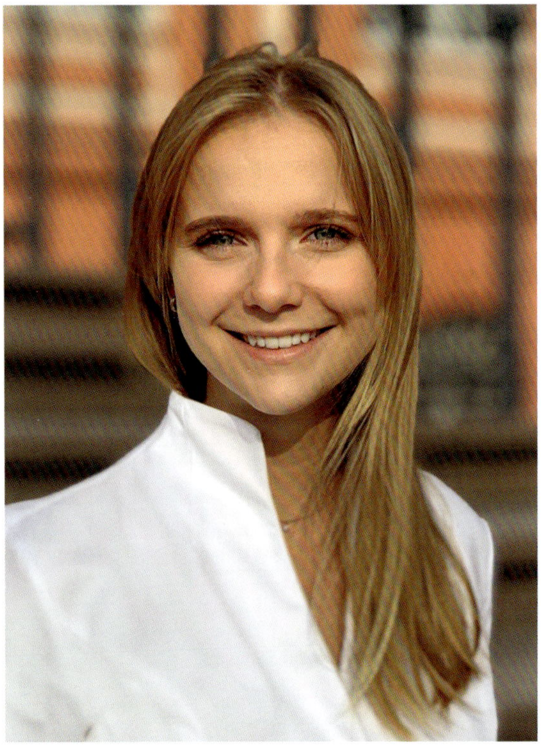

Ich heiße Carina Schauer, bin 27 Jahre alt und studiere Wirtschaftsingenieurwesen Maschinenbau an der RWTH Aachen und habe mich natürlich in den Bereich Textiltechnik vertieft. Während ich mich im Studium für technische Hochleistungsfasern interessiere, stricke ich in meiner Freizeit am liebsten mit weichen Naturfasern.

Da zu Beginn meiner Strickleidenschaft vor fünf Jahren niemand in meinem Bekanntenkreis strickte, habe ich meinen Instagram Account @knitsbycari gegründet. Hierüber habe ich Inspiration, Austausch, Firmen-Kooperationen und neue Strick-Freund:innen gefunden – die auf der ganzen Welt verteilt sind. Mittlerweile konnte ich ein paar meiner Freund:innen für das Stricken begeistern und ich freue mich, dass unsere Strick-Community immer größer wird.

Mir gefällt die Entwicklung, dass die Begeisterung und Wertschätzung für handgestrickte Kleidung immer mehr zunehmen. Ein Kleidungsstück, das mit viel Zeit, hochwertigen Materialien und Hingebung gefertigt wird, ist langlebig und nachhaltig. Daher habe ich mich für minimalistische und zeitlose Designs entschieden, so dass meine/deine Strickwerke lange Lieblingsstücke bleiben.

Ich hoffe, dir gefallen meine Anleitungen und ich freue mich über dein Feedback. Schreibe mir gerne auf Instagram @knitsbycari.

DANKE

Zeitgleich zur Abgabe meiner Bachelorarbeit kam die Anfrage der lieben Saskia Reusch, die ich mittlerweile meine Lektorin nennen kann, als Autorin für das Strickbuch „Minimal Knitting" zu arbeiten. Ich war direkt Feuer und Flamme und voller Vorfreude, mich diesem Projekt zu widmen. Die meisten Modelle hatte ich direkt im Kopf. Meine Mama und Schwester hatten immer wieder sinnvolle Anmerkung bei der Umsetzung der Designs, wobei meine Mama die Praktikabilität und meine Schwester den Fashion-Aspekt sicherstellen wollten. Daher danke Bine und Tessa für eure allumfassende Unterstützung.

Bei der Farb- und Garnauswahl für die jeweiligen Modelle hat mich meine beste Freundin, mit der ich zu dieser Zeit zusammengewohnt habe, entscheidend beraten. Danke Antonia Herz, für deine Inspiration und Geduld. Vielen Dank auch an dich Lilian Zeiger für deine Zeit und strickenden Support.

Danke Nikolaus, dass du immer gefahren bist und ich in der Zeit stricken konnte. Ach, und danke, dass du mir deinen besten Freund Linus Müller als Model zur Verfügung gestellt hast. Danke Linus, das Shooting mit dir hat wirklich Spaß gemacht.

Desweiteren möchte ich mich recht herzlich bei den Sponsoren bedanken, die mir diese wundervolle Wolle und Zubehör zur Verfügung gestellt haben: Addi, Isager, Lana Grossa, Lang Yarns, Lamana, Rowan und we are knitters.

Abschließend ein großer Dank an das EMF-Team, insbesondere Saskia Reusch und Anja Brinkmann, ohne die dieses wundervolle Buch nicht zustande gekommen wäre.

IMPRESSUM

Bibliografische Information der Deutschen Bibliothek.

Die Deutsche Bibliothek verzeichnet diese Publikation in der Deutschen Nationalbibliografie. Detaillierte bibliografische Daten sind im Internet über http://www.dnb.de/abrufbar.

EIN BUCH DER EDITION MICHAEL FISCHER

1. Auflage 2021

Covergestaltung, Layout und Satz: Silvia Keller
Produktmanagement: Saskia Reusch und Anja Brinkmann
Cover- und Projektaufmacherfotos: © Corinna Brix, München
Schrittbilder: © Ines Grabner, Berlin
Moodfotos: © Carina Schauer; außer S. 15 und S. 17: © Katja Schubert, SHOT FOTOGRAFIE, München
Pflegesymbole: © Tribalium/Shutterstock

ISBN 978-3-7459-0048-4

Gedruckt bei Polygraf Print, Čapajevova 44, 08001 Prešov, Slowakei

www.emf-verlag.de